1万人抱いてわかった!

モテる男39の法則

「非モテ」から脱出したいあなたへ

しみけん
Shimiken

清談社
Publico

世の中には「2種類の男」がいる。

「自分から何もせずとも人が寄ってくる」

ビーチフラッグ男と、

「狙って人をゲットしにいく」

選手タイプの男。


本書では、選手タイプでも「モテる男」になれる、

「3要素」の鍛え方を教えましょう！

はじめに
あなたが「非モテ」から脱出できない理由、教えます！

みなさん、こんにちは。ＡＶ男優のしみけんです☆

いま、あなたは「モテたい」という一心から、本書を手に取っていただいたと思います。

いま、あなたの脈拍がドクドクと打つ感覚が伝わってきます。

いま、あなたは「もしかして、自分がこの本で変われるかも？」とドキドキし、また期待もしていますね。

でも、ごめんなさい。最初に言っておきます。**モテは99・8%、顔で決まります。**

これはまぎれもない現実です。どんなに頑張っても、女性にとって顔がドンピシャタイプな男を前にしたら、いかなるテクニックを使っても勝てません。10年片思いをしようが、ドンピシャタイプが現れたら、ものの10秒で持っていかれてしまうのです。

ただ、日本には結婚制度というものがあり、モテる男でも、ひとりの女性しか愛せないという救済策があります。その救済策の上位を狙うべく、この世の中に「モテたい」という気持ちが存在するのです。


「モテる」にはいくつか種類があります。セックスがしたいだけなのか、それともセックスなしでもいいから彼女との安らぎを求めるのか、異性や気になる人からではなく、仕事やお金にモテたいのか、同性にモテたいのかなど、**「モテ」にもさまざまな「モテ」があります。**


僕は1万人の女性を抱いてきて、これらすべてに共通するものを感じ、それを視覚化したものが、この**「ビーチフラッグ理論」**です（左ページの図表参照）。

巷《ちまた》にあるモテ本、コミュニケーション術というのは、この三角形の一部をフィーチャーしているものが多いですが、全体像としては、こんなふうになっています。

最上位は顔。その下はお金を持っている。あとは人前に立つ人です。たとえば、バンド

しみけん流・ビーチフラッグ理論

モテとは「この人の遺伝子なら残してもいい」
と選ばれること。

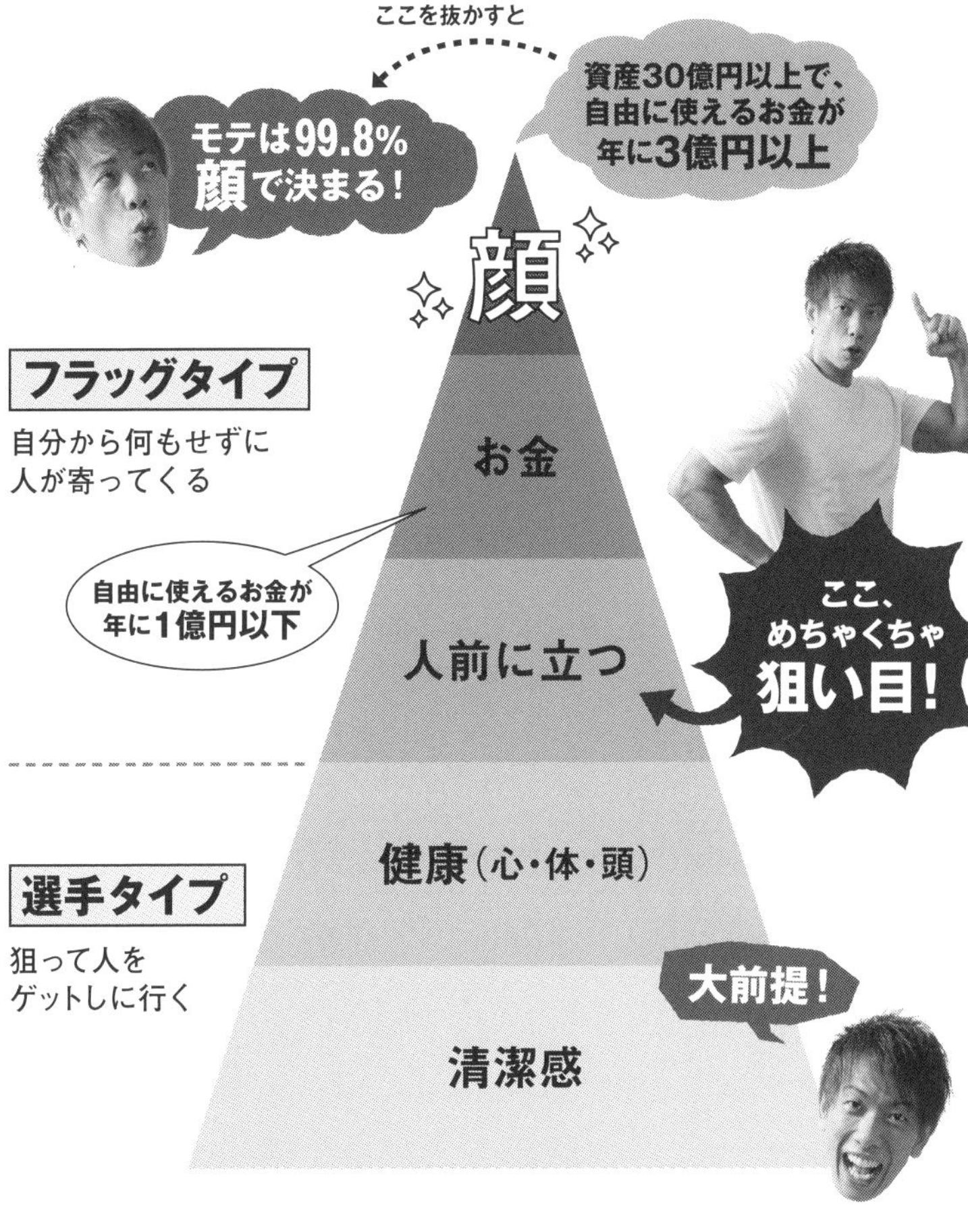

マンや芸人さんは売れなくてもモテますよね。

本書では、「女性にモテる」「セックスができる」をメインに、それぞれの要素を因数分解していきたいと思います。ただ、読み進んでいただく前に、この「ビーチフラッグ理論」を頭にたたき込んでください。

ヒエラルキーの上位三つは、自分から何もせずとも人が寄ってくる「フラッグ（旗）タイプ」の人たち。それ以外は狙って人をゲットしにいく「選手タイプ」の人たちです。

女性にモテるとは、ズバリ、

「この人と遺伝子を残したい」

と選ばれることです。子どもの顔がいいと、生きるうえではプラスになります。また、お金があると、子育てもしやすく、生きやすくなるでしょう。

ここで多くの人がふるい落とされるわけですが、見てください。上から三つ目の**「人前に立つ」。ここ、めちゃくちゃ狙い目です。**なんでもいいんです。授業のときに手を挙げる、YouTubeでチャンネルをつくるなど。とにかく人前に立つことでモテ力は上がります。このため、「フラッグタイプ」は女性に選ばれるのです。

自由に使えるお金が年に3億円以上ある人は、すべてを超越してモテる領域があります。僕はしっかりこの目で見てきました。**ヒトという生き物が、こうもお金で動かされるかと。**ただ、3億円稼げる人は、それだけ魅力があるから稼げている……という考えもありますが、親の遺産でまったく魅力がない人でもモテまくります。

この本は、自由に使えるお金が年に3億円以上ある人は手に取らないだろうと思い、その雲の上の存在の人たちは除外して書かせていただいています。

では、「選手タイプ」を見てみましょう。選手なわけですから、**「健康」をアピールすることが重要となります。**いちばん下の土台は、**言わずもがな清潔感。**清潔感が健康に直結するのは想像しやすいでしょう。

その上にあるのが**体、心、頭の健康です。**肥満でもガリガリでもない健康体、いつもポジティブで心が元気な人、そして頭の健康はコミュニケーション能力や教養です。

逆に言えば、**イケメンでもなく、お金持ちでもない人は、これら「3要素」を鍛え上げれば、必ず選手層のなかではモテるようになります！**

この「ビーチフラッグ理論」を頭にたたき込んで実践していけば、読み終わるころには、あなたも「モテる人」になっているはずです。

それでは、「モテ」への第一歩を踏み出しましょう！

1万人抱いてわかった!

モテる男39の法則

CONTENTS

PART 1

1万人抱いてわかった！

モテる男の「女心をつかむ」発想術

PART 2

1万人抱いてわかった！

モテる男の「さりげない」習慣術

PART 3

1万人抱いてわかった！モテる男の「すぐに使える」会話術

PART 4

1万人抱いてわかった!

モテる男の「即返事が来る」メール&LINE術

PART 5

1万人抱いてわかった！ モテる男の「感じさせる」SEX術

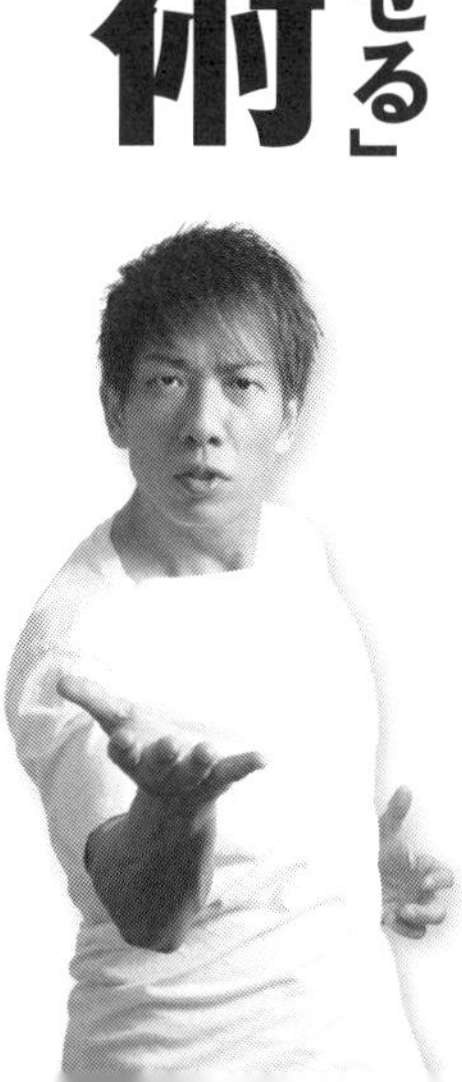

PART 1

1万人抱いてわかった！

モテる男の「女心をつかむ」発想術

モテる男の「女心をつかむ」発想術

01

モテる男は、好奇心が「すごい」ある！

うまい酒を見つけたら、すぐに生産者に会う。

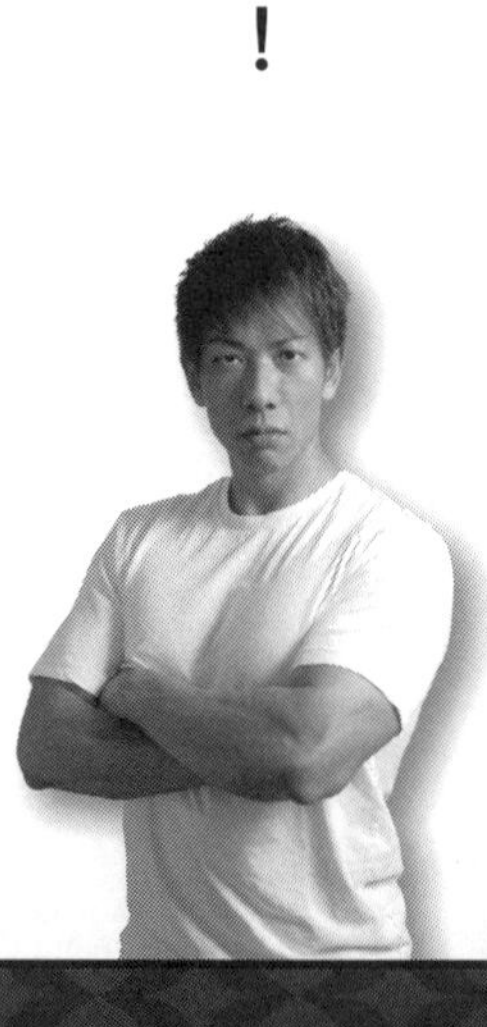

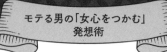

AV男優として必要なものは、なんですか? トップ男優になるためには、何が必要ですか?

何百回聞かれたかわかりませんが、**その答えは「好奇心」です。**

若い男性、とくに10代、20代だと、きれいな人やかわいい人など、見た目ばかりに目が行きがちですが、それだと、自分のまったくタイプではない人が来たら、対応できませんよね。むしろ、ネガティブな言葉が口から出てくるでしょう。「ブスだなあ」「ババアだな」とか、そんな言葉を口にする人が、モテるわけがありません。

一方で、好奇心があると、こう考えるわけです。「この人は、どういうセックスをするんだろう?」「性について、どういう考えを持っているんだろう?」などと好奇心を持っていると、すべてに興味が湧いてくるのです。

人は自分に興味を持ってくれている人に好意を抱きます。人間はそうやってモテていくのです。なので、トップのAV男優たちは、性欲ではなく、「好奇心」で勃起させているのです。好奇心を持っていない人たちが必ず口にする言葉が、「セックスに飽きないの？」という言葉。この言葉を口にする人はセックスを「挿入し、射精すること」と履き違えています。

セックスはコミュニケーション。人それぞれのセックスがあるので、飽きるわけがないのです。

これは何も男優にかぎった話ではありません。**相手がどんな人間なのか知りたいと思うことや、知識を得たいと思うことは、モテを目指すには重要です。**

その人に好奇心があるか否かは、いろいろな場面に表れます。たとえば、お酒好きな人でも、好奇心があるか、見分けることができます。

僕のなかで、見きわめる質問は、「好きなお酒の生産地、生産者に会いに行っているかどうか」だったりします。

お酒の生産地や生産者に会っているという人は、お酒についての造詣が

深く、知識も好奇心もあります。なので、そういう人の話を聞くとおもしろいんですね。

もちろん、飲んで騒いで、その場を盛り上げることもモテる要素ですが、それに加えて、お酒自体が好きで、それについてこだわりがあり、掘り下げて学んでいる人は、ほかのことでも**「凝っている」可能性が高いので、一緒にいて楽しいし、有意義な時間を過ごすことができます。**

ある放送作家さんも、「モテる＝好奇心。好奇心は鍛えられる」とおっしゃっていました。どうやって鍛えるのかというと、**アウトプットの場をつくる**んだそうです。アウトプットするためには、話のネタを探さないといけないですから、好奇心を持って探さざるをえないのです。

話のネタが多い人ほどモテるし、好奇心を持って人と接すれば、会話も途切れることはありません。

02

モテる男は、「超」素直！

「うんこ食える？」と聞かれたら、「食べます！」と即答する。

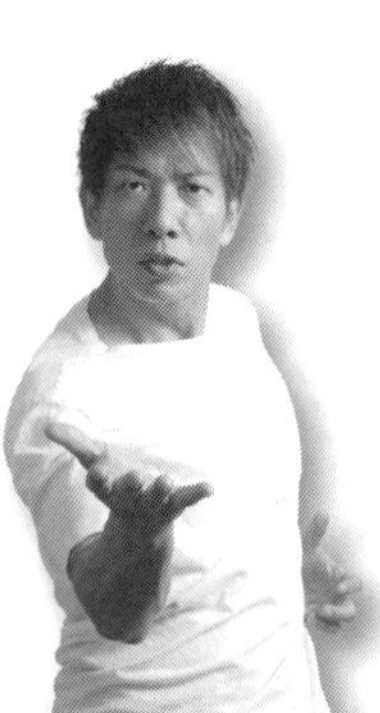

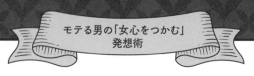

モテる男は、あらゆる面で素直です。

それは、新人や若い人はもちろん、どんなに偉い人や有名な人でも、です。

逆に、残念な人は、自分の考えが正しいと思っているので、自分と反対の意見や批判的な意見に聞く耳を持たなかったり、先入観で判断したりしてしまいがちです。

みなさんは、後輩や年下の人に対して、感謝の言葉や謝罪の言葉をしっかり言えていますか？

感謝は言えても、謝罪の言葉は言いづらかったりしませんか？ **素直な人は、自分の感情を相手に伝えるのがうまく、間違ったことを素直に認めて、謝ることができると感じています。**

こういう素直さは、信用につながりますし、人から好かれます。

後輩が素直だったら、それは〝かわいげ〟に変わり、先輩や上司との交流も増えるでしょう。先輩や上司が素直だったら、それは尊敬に変わり、人がついてくるようになります。

「ビーチフラッグ理論」にも書いたとおり、**周囲の人にモテている人は、どんどんモテる輪が広がります。**

どうやったら素直になれるのか。いちばんとっつきやすい言葉から始めてみてはいかがでしょうか？

素直な人は、言われたことに対して否定や疑念などは持たず、「なるほど」「はい」「おもしろいね」「喜んで」と、いったん自分で受け止めます。

逆に、「だって」「だから」「どうせ」「でも」などの言い訳やネガティブワードになる「D言葉」は使わないようにしましょう！

そこから、自分なりに考えて、行動して、意見を言って、相手に伝えます。

ハードルが高いお願いをされたときには、「ちょっと難しいですね」と答えるより、**「できるかどうかわかりませんが、やってみます」と答えたほうが、人生は何倍も好転しますし、その背伸びした分が伸びしろになります。**

僕も、AVの1本目のオファーのときに、「君、うんこ食える？」と唐突に聞かれて、「食べたことはありませんが、食べます」と答えて男優の道が開けました。

なんでも受け入れてみて、**失敗したときは「後悔はせず反省」する。**すると、それは失敗しないための学びに変わります。モテる男は、それを繰り返しているのです。

03

モテる男は、「とにかく」行動が早い！

すすめられた映画やお店には1週間以内に行く。

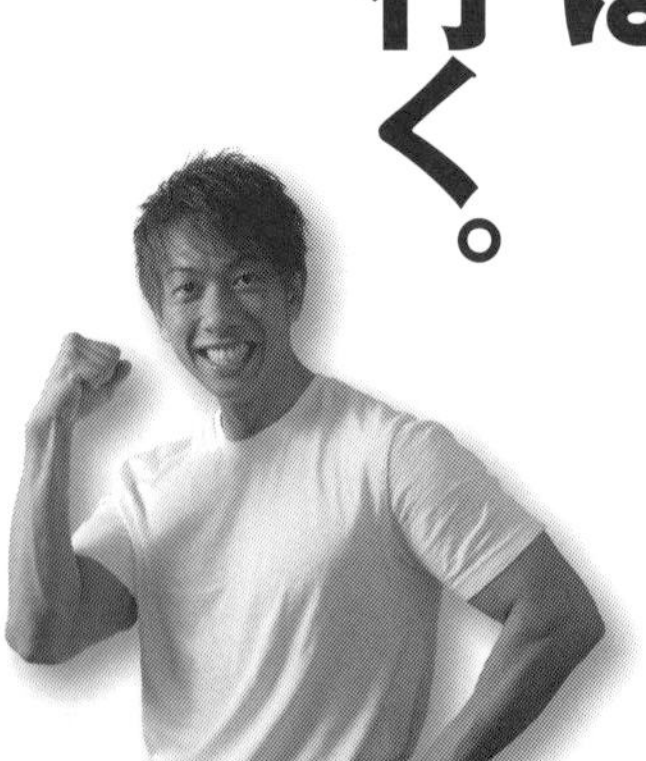

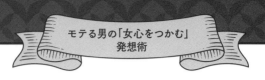

僕が出会ってきたモテる人の共通点のひとつに、「とにかく行動が早い」という特徴があります。

よく人と話をしていて出くわすのが、「どこどこのお店に行ったか」「○○の映画は最高」などの話題です。話題の映画は、「あれ、見た？」という話を友人や、初めて会う人と何回もすることになります。

そこで最初に**「○○見た？」と、聞かれたら、すぐに行ってしまうのがいいです。**そうすると、次に聞かれたときに、自分も答えられます。

僕は、個人的なルールとして、「教えられたお店や映画などは、1週間以内に足を運んで、教えてくれた人に感想を伝える」と決めています。

そうすることで、**自分の知識や経験も増えますし、教えた側も、「覚えていてくれたんだ」と、うれしく思いますよね。**

また、話題の映画やお店に行ったときなどは、それを人に話すことを前提に見たり行ったりします。これは01項で書いた「アウトプットする」ことを意識する例ですね。

誰かに話す前提でものごとを見ると、見方が変わってきます。

たとえば、映画であれば、「主人公が悲しい感情だから、背景で雨が降っている」とか、「このシーンは、あの映画のパロディなんだ」とか、人に話すときには、自分の感想だけではなく、描写やトリビアも混ぜ込んで話すほうがおもしろくなります。

それを念頭に置くと、映画の見方が変わり、1本の映画から、いくつもの情報とネタを仕入れることができるのです。

また、そうした意識を持つことで、誰かに感想を聞かれたときに、答えを言いやすくなります。**「あなたの話を聞いていたら、私も見たくなった、やりたくなった」と言わせられる人がモテに近づいています。**

モテる人は誰かに影響を与えられる存在であるとも言えますね。

また、いままでの経験で印象的だったのが、うずらの卵についてのエピソード。

スーパーで売っているうずらの卵は、温めると、20個のうちひとつは孵化《ふか》をするという記事を読んだことがあり、友人が多数いるなかで、僕はその話題を振ってみました。そうすると、その足で、うずらの卵を買って実験した人がいました。

後日、その話を聞いたときは、みんながギョッとしました。そのあとは、完全に話題がその人を中心として回ったのです。

このように、**誰より早く行動に移し、アウトプットするところに耳目は集まります。**

04

モテる男は、アンテナの張り方が「広い」！

女性ファッション誌をチェックする。

モテる男は、女性が好きなものにくわしいです。

その情報は、ネットやSNSなどで得たものではなく、モテているので、直接女性の口から聞いた生の情報です。**女性の口から生の情報を仕入れたら、前項にも書いたとおり、「すぐに行動／実践」してください。**そうすると、女の子が好きなものにどんどんくわしくなるという、モテのスパイラルが生まれます。

モテから遠い人は、男性が好む便利グッズ雑誌や、自己啓発的な本や雑誌、経済誌、週刊誌だけを好み、女子のあいだで何が流行《はや》っているのかわかろうともしないですし、興味も湧きません。そんな人は、女の子と話すときに、相手が好きな話で盛り上がるのではなく、自分の土俵の話で喜ばせようとします。

流行は、いつも女の子がつくります。

なので、その流行をいち早くキャッチすることは、人づきあいはもちろん、ビジネスにも役立つことが多いと思います。

情報の鮮度が最もいいのはSNSです。雑誌は1カ月遅れて載る情報と思ってください。

だから、いまはInstagram、Twitter、TikTokなどで女性から人気のアカウントをフォローしておくといいでしょう！

また、**女の子との食事会で話される内容は、映像系とご飯系の話が多いと感じています。**Netflix、Amazon Primeは加入しておきたいところです。

僕もご飯は大好きなのですが、「雑誌に紹介されたら混んでしまうし、もうその店の情報は遅い」と感じているので、雑誌に載る前に訪問しておきます。

それにはアンテナの張り方が大事で、**僕は「口コミ」から情報を得ることがいちばん多いです。**グルメ好きの輪に入ると、「来年、○○から独立するらしいよ」「××行った？」といったような会話からいいお店を知ることが多くなります。

Instagramではお店と写真の情報を、Facebookでは人とのつながりのアンテナを張ることができますので、グルメ好きの輪は各自で探してみてください。

こうしたＳＮＳと口コミを経て雑誌などが掲載します。**雑誌も「女性誌コーナー」に行って買うのがいいでしょう！**

１冊読み込むだけで女の子たちのトレンドを感じることができるはずです。これによって共感、共有点が増えて、会話が盛り上がることは間違いありません。

あと、**テレビで紹介されるような新しい商業施設と話題の映画は、なるべく早く訪問するのが吉。**

今後、「○○行った？」「○○見た？」は何回も聞かれるので、「見たいんだけど、まだー」ではなくて、「おー、見たよ」と言ったうえで、相手が興味を引く内容のプレゼンをして、「もう１回僕も行きたいから行く？」と誘えば、そのあとの展開も変わってくるでしょう！

モテるって、努力の上に成り立つものなんです！

05

モテる男は、「なぜか」自信に満ちあふれている！

「自信のなさ」からくる「童貞っぽさ」がない。

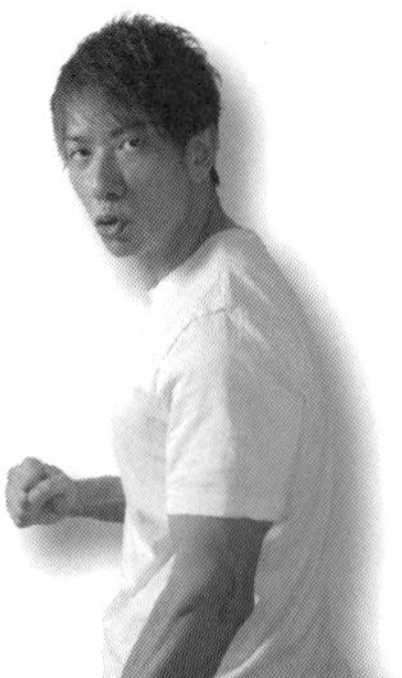

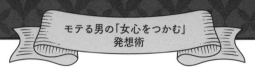

以前、ナンパ企画で、一般募集した童貞と一緒にナンパをしたことがありました。声をかけた女性に、「なぜ、彼は童貞なのでしょう？」と聞いたところ、いちばん多かった理由が、**「自信がなさそう」**でした（ちなみに2番目は服装）。

たしかに彼は、ちょっと猫背で、人の目を見て話さず、早口。肌の色も白く、ヒョロッとしていました。だったら、この逆をやれば、彼の人生も逆をいくはずです。

胸を張って、人の目を見て、ゆっくり話す。
運動をして、がっしりした体型になる。
肌の色を少し日焼けする。

もう文字面《もじづら》だけで自信満々の、一歩間違えたら、「ちょっと元気がありすぎて面倒くさいヤツ」に早変わり！

胸を張るだけで男性ホルモンが15％アップするという研究結果もあるそうで

す。また、「人の目を見て話す」は相手とちゃんと向き合いたいという気持ちの表れですし、「ビーチフラッグ理論」でも話した、「モテは健康であることのアピール」ですから、がっしり体型の色黒（太陽に当たっている）は、わかりやすく健康なイメージです。

なので、「そんなにすぐ自信が持てないよ」という人は、外見から変えてみるのがいいでしょう！

自信を持つことは、「自分を信じている」ことですから、**「人は人、自分は自分」と分けて考えることができていて、何かを決断し、不安になりそうなときも、自分の考えに迷いなく進んでいくことができます。**そうやって努力を積み重ねていくことができます。

自信があるように見えて、「何も考えていない」根拠のない自信は、いざ本当の壁にぶち当たったときに、自分を信じていないので、「自分はこの壁を乗り越えられる」と思えません。

それゆえに、ポジティブさが失われ、自己喪失感に襲われます。

そんなときに助けてくれるのが、「過去の頑張った自分」です。

なので、先ほど書いたような、「胸を張って人の目を見てゆっくり話す」「運動をしてがっしりした体型になる」「肌の色を少し日焼けする」を実践し続けて、これだけでも俺は頑張ったんだという気持ちを持ち続けてください。

何かを続けること、自分を変えることが、本当の自信につながります。

06

モテる男は、トラブルの対処に「とても」強い!

どんなにケンカしても、「別れよう」と言わない。

モテる男は、もれなくトラブルの対処がうまく、そして強いです。

また、周囲の人にもトラブルを起こしそうという心配をさせません。

あとから「えっ!? そんな大変なことになっていたの？」と解決後に飲みの席などで聞かされることってありますよね。そういう人がモテる男なのです。

トラブルを抱えている人特有の〝ネガティブな雰囲気〟を、相談というかたちではなく、ただダダ漏れさせることは、周囲の人も不安にさせます。

感情は伝染します。それがネガティブであればあるほど感染力も強くなります。そんな**ネガティブオーラを放っている人に人や仕事、お金は集まらないと、モテる男は知っているのです。**

また、**トラブルが起きたときに、その人の本性が出ます。**慌てふためくのか、冷静に対処をしていくのか、感情に振り回されないか、などです。

わかりやすいのが、カップルや夫婦で言い合いやケンカになったとき。建設的な話し合いをせず、感情をぶつけるような人は、すぐ「性格や価値観が合わないから別れよう」と口にします。

人間はみんな違うのですから、性格や価値観が違うのも当たり前。なのに、そこを話し合いで距離を埋めていくのではなく、「最初から性格や価値観が合う人を探そう」としています。

こういう人は、決まって「いい人に恵まれない」と自分のトラブル対処能力のなさを人のせいにしがちです。最初から自分と性格や価値観が合う人を見つけるのではなく、**一緒にいるなかで話し合いをして、お互いにわかり合おうとして距離を詰めていく、というのがいい人間関係の築き方ではないでしょうか。**

ちなみに、僕の経験則で、

「ケンカの際、怒りをぶつけ合うカップルはセックスレスになるのが早く、意見をぶつけ合えるカップルはセックスレスになっても幸せになる」

というのがあります。

頭に血がのぼったときは……このページを思い出してくださいね！

07

モテる男は、「やっぱり」
健康管理ができている！

筋トレ&日光浴で、モテフェロモンを放出している。

僕は以前、「性癖合コン」というものを行ったことがあります。

これは、相手の顔をお面で隠し、首からぶら下げたプロフィール表には自分の性癖と、されたい性癖を書いて、性癖のみで合コンをするというイベントです。最後に告白タイムがあり、Sの女性と赤ちゃんプレイが好きな男性が結ばれたり、背の高い女性と背の低い男性がカップリングしたりしたわけです。ただ、そのなかでもやはり人気があったのが、筋肉質の男性でした。

どんなにイケメンでも美人でも、健康でなければ、モテていても楽しい時間は少なくなりますし、食生活が乱れていてお腹《なか》が出ていたり、肌が荒れたりしていると、清潔感がなくなり、当然ながらモテません。

食生活は男性ホルモンの分泌にも影響します。男性ホルモンは、男らしさ、性欲、勃起力などに大きく関係してくるので、モテには必須のホルモンなのです。

男性ホルモンは、主に三つあります。

①デヒドロエピアンドロステロン（DHEA）

これは、別名「若返りホルモン」。副腎や生殖腺で産生され、免疫活性化や循環改善を促す男性ホルモンです。

ちなみに、山芋に含まれる成分に、このDHEAと似た作用が確認されているのだとか。

このDHEAは、男性ホルモンなどの源となるので、これがないと始まりません。

②テストステロン

別名「モテフェロモン」「勝利のフェロモン」。言わずもがな、キングオブホルモン！

テストステロンは、筋肉や骨格を形成し、生殖器を元気にし、やる気と決断力の向上にも作用します。

人はホルモンによって支配されていると言っても過言ではなく、このテストステロンの値が人生の楽しさを左右します。

テストステロンは、加齢とともに減少し、25歳ごろが分泌のピークといわれています。

ただ、人為的に分泌量を増やすことが可能で、ミネラルが豊富なブロッコリーやニンジンなどの野菜を食べる、筋トレをする、などが分泌を増やす行動となります。

ちなみに、日光に当たると、めぐりめぐって血中テストステロン値が上がります。なので、日焼けしている人で引っ込み思案な人は見たことがない！

③ジヒドロテストステロン

別名「脱毛ホルモン」。テストステロンに「5α－レダクターゼ」という酵素が結びついて生成されるホルモンで、毛髪のもととなる「毛母《もうぼ》細胞」の働きを低下させます。よって、「ハゲは性欲が強い」わけではなく、テストステロンを「脱毛ホルモン」に変換させる5α－レダクターゼが多いだけなので、性欲とは関係がありません。

5α－レダクターゼを抑制するには、しっかりした食生活と、睡眠、適度な運動が重要で、亜鉛やイソフラボンが効果的。イソフラボンは、納豆に多く含まれているので、僕は納豆の上にキムチと生卵を載せて毎日食べています。

肥満は「モテフェロモン」であるテストステロンの分泌を低下させるので、太らないような生活を心がけましょう！

「食」という字は、「人」を「良くする」と書きます。

栄養のことを考えた3食、適度な運動、ちゃんとした睡眠。

健康って、失ってから、その大切さを痛感するのは、みなさんご存じのとおりですよね。

08

モテる男は、見栄を「絶対に」張らない！

ゾロ目、キリ番、ひと桁の車のナンバーは選ばない。

モテる男……ではなく、モテない男の典型が見栄《みえ》っ張りです。なので、やってはいけないという意味で、ここに記します。

見栄っ張りな人がよく言うのが、「芸能人の○○と友だちだ」「○○とご飯に行った」とか、「予約の取れないレストランで食事した」など。それが本当に友だちで、ご飯が好きな人ならばいいのですが、到底そうは思えない人が多すぎます。

とくに、男は車や時計などに見栄が表れることが多いですよね。

性格を如実に表すのが車で、車そのものがその人の内面の権化と言っても過言ではありません。

そして、車種以外だと、買い方やナンバープレートでも、その人がよくわかります。

高級な車を新車だと買うのが難しいから中古で買ったのにそれを言わなかったり、値段を聞かれたときに新車価格を言ったり、足回りだけをAMGにしているのにエンジンまでもAMGであるかのように振る舞ったり(わかる人にはわかりますよね 笑)……etc.

あと、車のナンバーもゾロ目、キリ番、ひと桁にしている人は見栄っ張りの傾向です。**そんなところで人の目を引こうとせず、自分の魅力で人の目を引くことができるのがモテる男です。**高級車でもランダムナンバーにしている人は、見栄で買っているのではなく、その車の本質で買っている感じがします。

また、わざわざマフラーを替えてうるさくしている車も、周囲への配慮が欠けているので、普段の生活でも気づかいなどができるとは考えにくいです。

ただ、中華料理店のコックが、四川《しせん》料理が好きだからといってナンバーを4000（四川）にしたり、444のナンバーが「幸せ（4合わせ）」にしたりするなど、意味や思い入れがある場合は例外です。

そして、**車の運転にも性格が表れます。**運転が安全なのは、同乗者や歩行者など周囲に気をつかっている人。

見栄を張るということは、人の目を気にして生きている証拠です。そんな周囲の目を気にしている人、カッコつけている人がいちばんカッコ悪いので、見栄や薄っぺらい背伸びは、周囲の人も気づきます。

このように、**自分の価値を人の評価に委ねてしまっている人は、幸せの本質から離れていますし、これに気づかないと、本当の自信につながっていきません。**

あなたの周囲にもいるでしょう。かわいいのに整形を繰り返す人や、やせているのにもっとやせようとする人。そういう人たちは、自分の幸せの本質を見つけられていないのです。

つねに周囲の目を気にして生きていくというのは、とても生きづらいことです。**自分は自分。人の評価はその人の見方だと、ちゃんと理解できていることが大切であり、モテる男の条件です。**

モテる人、成功する人は、本当の自信とはなんであるかを理解し、見た目や装飾品で見栄を張らないのです。まずは、このマインドが何より大切です。

09

モテる男は、家族、友人を「とても」大事にする！

「この人と家族になれるか」が、セフレと本命の差の基準。

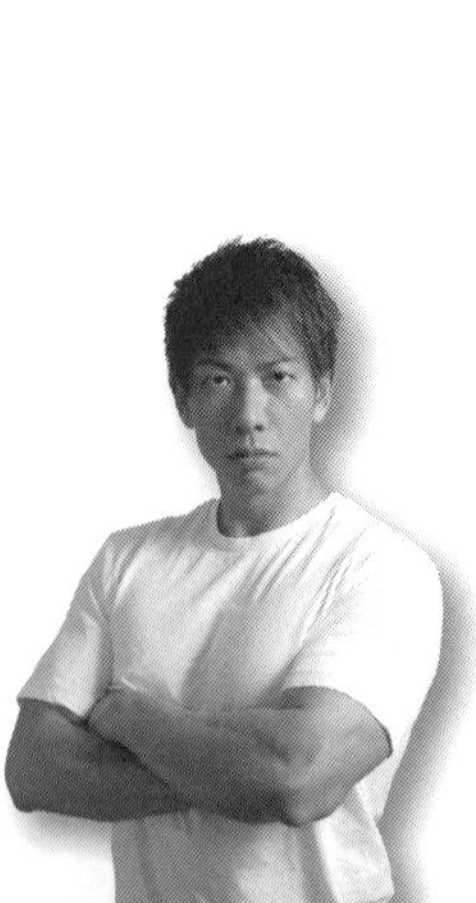

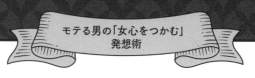

以前、僕が主催するオンラインサロン「男女の仲 研究所」（187ページ参照）のオンラインミーティングで、**「セフレと本命はどこで分けられるのか？」**という議題が上がり、男女30人以上が集まって意見を出し合いました。

そこで出た結論が男女で違ったんです。

男がセフレにするのは「フットワークが軽い人」で、本命には「話がおもしろい人」を挙げていたのに対し、**女性は、「この人との未来を想像できるかどうか」を重んじていました。**

家族、友人を大事にしている姿に、女性は「この人と家族になったら」という未来を重ね、想像します。

男はひとり暮らしを始めると、実家に帰ったり、親と連絡を取ったりする機会が減る人が多くなります。

学業や仕事が忙しくても、親の誕生日や母の日、父の日にプレゼントを贈っていたり、機械が苦手な親世代に対してLINEやインターネットのやり方を教えたりして連絡を取っていたりする、という話には好感を抱きますよね。

また、**友人や周囲の人間に「お腹はすいてないか？」「終電は何時？」「明日は何時から？」と相手を気づかう言葉があるかどうか。**これも、とても重要です。

ただ、ここで注意しなければいけないのが、あまりにも周囲に注意を払いすぎて、「その場に溶け込め切れていない状況」になってしまうと、元も子もありません。

その場に溶け込みつつ、楽しみながらも、「さりげなく気をつかう」。そんな姿を、周囲の人は素敵だなと思うのです。

僕のオススメは「終電は何時？」と聞いて、その時間の30分前にアラームをセットし、そのあとは気をつかうのを忘れて、アラームが鳴るまで全力で楽しむ、というもの。

実際にアラームをセットしている姿を見ると、「気にかけてくれている感」もうれしいですし、安心して遊べますよね！

また、**家族や友人を大切にしているか否かは、その人のスマホの写真フォルダーを見てください。**

自撮りが多いのか、友人や家族の写真が多いのかで、どれくらい周囲を大切にしているかが測れます。

後者の人は、パートナーの写真もたくさん撮るし、大切に扱ってくれる、モテる男である可能性が高いです。

10

モテる男は、「赤の他人」にさえもやさしい！

イケメンほど、電車のなかで席を譲る。

モテる男は、みんなにやさしく、残念な人は、知り合いにだけやさしい。

いいなと思っている人が、洋服店の店員さんや、レストランの店員さんに横柄な態度を取っていたら……一気に冷めますよね。

とくに、高級車を販売している店舗や高級ブランド店でそういう光景をよく見かけます。気が大きくなってしまっているんですね。

僕が考えるモテる人のみならず、「良い人、悪い人」の判別にも使えるのが、この「無関心の人への対応」です。

そりゃ、誰しも知り合いにはやさしく、いい顔をします。そのやさしさは赤の他人や無関心の人にまで向けられるのでしょうか？

車を運転しているときなどにも見られます。歩行者はもちろん、車線変更してくる車やバスに道を譲ったり、また自分が道を譲ってもらったときに感謝の気持ちを持っていたりするかどうか。

困っている人がいたら、「誰かがなんとかするだろう」と傍観するのではなく、「大丈夫ですか？」と声をかけるかどうか。

「イケメンほど、電車のなかで席を譲る傾向がある」というネット記事が話題になったように、赤の他人に向けるやさしさがモテるにつながります。

また、06項でも書きましたが、モテる男は、トラブルの対処能力も高い。何かトラブルがあったときに、慌てふためくのではなく、冷静に客観視し、文句も言わず、いますべき最善策を、最短距離で処理します。

そして、そのトラブルに対してイライラするなどの感情を表に出さないんです。**感情は伝染するので、周囲を自分の感情で不快にさせてもいいことがないことを、モテる男は知っていますし、気づかいができています。**これも赤の他人へのやさしさがあるからこその意識づけです。

あとから聞かされて、「そんなトラブルに巻き込まれていたの？」とびっくりすることもあるくらいです。

トラブルになったとき、その人の本性が見えます。

まずは、赤の他人にもやさしくする、トラブルになったときは感情のコントロールをする。

そう意識することから始めてみましょう!

11

モテる男は、自分の「弱点」を見せることができる！

過去の恥ずかしい体験を、みんなに話して成仏させる。

モテる男は、どこか親近感を抱かせてくれます。映画のなかのヒーローやドラマ、漫画の主人公は、必ずといっていいほど弱点を持っています。**弱点と向き合っている姿、悩みを克服していく姿に、みんなが共感し、自分の人生と照らし合わせて、勇気や親近感を得るのです。**

残念な人は、自分の弱いところや失敗などを、「恥ずかしいもの」として隠そうとします。そんな弱点や失敗、ウソなど、「バレなきゃいいな」と思っていることは、「バレる」んです。そのときは自分の評価を下げることになりますので、「『バレなきゃいいな』はバレる」と思って生きていると、自分にウソをつきにくくなりますよ!

そこで、**弱点や失敗を武器にする方法**があります。

仕事がバリバリできる人が、全然ダメダメな姿を見せれば、「あの人も人間だ」と親近感や距離が縮まりますし、一流スポーツ選手の、ストイックなところもある一方で、だらしないところが見えると、応援したくなる気持ちが湧いてきます。

成功者の「昔やってしまった失敗から学んだ姿」などを見せられたら、自分に希望が湧いてきます。

モテる人は、弱点や失敗でさえも相手にパワーを与えるんです。

僕は、「ダサい、ダサくない」と周囲の目を気にしている姿が、いちばんダサいと思っています。

その周囲を気にする目を自分に向けて、「自分のどこが弱点なのか、今回の失敗は何が原因だったのか？」という、**いちばん目を背けたいところを見てみましょう。そこには必ず成長のヒントがあります。**

そして、その弱点や失敗した過去も、自分の一部として隠そうとせず、しっかり相手に見せることで、信用と魅力になっていきます。

僕は知人、友人といるときに、過去にしでかした失敗や恥ずかしい体験を、みんなの前で話すことで成仏させています。そこから、みんなの意見を聞いたり、反省をしたりして、次に生かします。

すると、その弱点や失敗したことの解決の糸口が見えて、**思い出したくない過去も、「あってよかった過去」と、過去でさえ変えられるのです。**

注意しなければいけないのは、反省するつもりが愚痴になってしまうパターン。

予防策として、あらかじめ相手に**「いまから反省会をするので、愚痴になっていたら指摘して」**と伝えるなど、自分で強烈に意識することで、愚痴に変わってしまうのを防ぐことができます。

12

モテる男は、「たくさん」
人前に立っている！

自分から手を挙げて
イベントのステージに立つ。

モテる男は、つねにモテています。突然モテ期が訪れるのではなく、少しずつモテて、モテて、どんどんモテていきます。

「ビーチフラッグ理論」でいうところの、上から三つ目がこれにあたります。

いちばん上の「顔」は、生まれついたところが大きく、整形するのにも限界があります。

上から二つ目の「お金」は、突然大金が舞い込むことは稀《まれ》で、徐々に年齢と経験とともにお金が儲《もう》かっていくのが常のため、時間がかかります。

上から三つ目がいちばんとっつきやすく、今日からでも始めることができます。それが**「人前に立つ」**という行動です。

「今日からできるって、いったい何をすればいいんだ？」と思う方は、**SNSやライブ配信などで自分のアカウントやチャンネルをつくってみましょう。**最初は見ている人がゼロでいいんです。

世間から注目を浴びる人でも、駆け出しの無名のころには注目はゼロです。

また、人前に立つのは「見てくれがいい人だから成り立つことだ」と考える人もいるかもしれませんが、最初からカッコいい、かわいいという人は、本当にひと握り。**はじめは普通の人です。その普通の人が人前に立つこと、人に見られているという意識が、その人を魅力的にカッコよく、かわいく成長させるのです。**

自分のスマホのカメラだからといって発信することにためらいがある人は、スポーツの大会に出たり、何かに立候補したりと、人前に立つのも効果的です。

人前に立つということは、相手から自分に目線の矢印を向けさせること。そして、**自分の目線の矢印を相手に向けると、矢印同士がくっついて、チャンスが生まれるのです。**

アミューズメントパークなどでも、壇上に立たせられる人がいます。そんななんでもないシチュエーションでも、客席に帰ってきたときは、周囲が見ていたり、一緒に来ていた人が笑顔で迎えたりします。

僕が普段から言っている「人の目を気にするな」という言葉は、人からの評価を気にするなということであって、物理的な目線のことではありません。

自分が人から目線を集めるにはどうしたらいいのか、を考えてみるといいでしょう。

僕のオススメは、ＳＮＳなどで自分のチャンネルを開設し、**スポーツジムに行って、トレーナーに「来年のボディビルの大会に出場したいです」と告げる、**ということです。その過程を配信するなどしてはどうでしょうか？

そうすることで突然、周囲の目線を自分に向けることができますよ！

13

モテる男は、「自分で」お金を生み出すことができる！

1月1日からメシの種を生み出せる。

モテる男は、「自分で価値をつくれて、それに値段を貼れる人」。すなわち、自分のアイデアや行動などでお金を生み出すことができる人です。

残念な人は、「給料のために働いている」「人に言われて働いている」「指示待ち人間」など働き方の手綱を他人に預けている人。

そうすると、手綱を引いている人への考え方や報酬に不満だけが募って、愚痴を言ったり、ネガティブな言葉が出てきたりと、どんどん悪い方向に向かっていきます。

本当に時代に感謝なのですが、**インターネットやＳＮＳが発達したいま、誰もがアイデアとやる気と行動力があれば、「自分で価値をつくれて、それに値段を貼れる」モテる男になれます。**

モテる人は自信があります。その自信は、学生時代は勉強の成績や運動の記録などがつけてくれて、社会に出ると仕事の出来の良し悪《あ》しがつけてくれるようになります。

仕事がうまくいっている人は自信もありますし、仕事がうまくいくことによって自信を持てるようになるのです。

お金は、その人に対する拍手の数です。

SNSで発信し、「多くの人に拍手をしてもらえるようにするには、どうしたらいいのか？」を日々考え、模索する。考えて考え抜いたアイデアは、価値を生み出し、拍手＝お金に変わります。

そして、お金というのは、ただの引換券で、お金の使い方にこそ価値があります。

価値のある使い方をすれば、また拍手がもらえ、お金を生み出すという、いいスパイラルが生まれます。

僕の知人が、「1月1日に仕事がない人は、自分で仕事をつくれない人」と言っていました。休息を否定するわけではありません。たとえ話として、1月1日という日に〝仕事がつくれるかどうか〃が重要なのです。

いま、あなたが生きている人生は、あなたにしか見えていない風景です。

それを発信して人に見てもらうと、それは映画のように、まったく違った世界となるでしょう！

14

モテる男は、「ずっと」
夢中になっているものがある！

何歳になっても、
セミの抜け殻を見ると
ワクワクする。

モテる男は、ずっと夢中になっているものがあります。子どものころから好きなのか、大人になってからハマったのかはわかりません。

とにかく、**その夢中になっていることを語るときは、どんなモテる男も、「ワクワク楽しそうに語る子どものような表情」をします。**

子どものときは、何をするのも初めての経験で、すべてが興味の対象でした。それがいつからかカッコをつけるようになり、色眼鏡で見たり、素直でなくなったり……。

「子どものまま大人になった」という言葉は、僕にとっては、このうえないうれしい言葉です。

なんにでも興味を持ち、楽しそうにしているってことですから、いままでに書いた「モテる行動」そのものです。

たしかに、いちばんモテるのは子どもです。何もしなくても、「かわいい」と人が寄ってきますし、笑顔で接してくれます。困っていたら助けてくれるし、いつも話の中心。

このような子どものときのモテのまま大人になったら最強です。

いろいろなところで耳にする「少年の心を持った大人」。

先日、保育園に行ったとき、教室の入り口の壁にセミの抜け殻が大量に貼ってありました。それが目に飛び込んできた瞬間、「ワッ！」と驚いてしまいました。昔はワクワクして拾っていたセミの抜け殻を、いつから僕は「ワッ！」と思うようになったのでしょうか。

夢中になれるものがあるということは、「少年の心」を取り戻すことなのかもしれません。

もし、これを読んでいる人のなかに「夢中になっているもの」がなければ、これまたスポーツジムをオススメします！

理由は、**トレーニングに夢中になれたら、頭も冴《さ》えて、ストレスも発散できて、健康になる。人と接するので、出会いも増えて、気持ちも前向きになる**など、いいことずくめだからです！

なんでもそうなのですが、最初から頑張らなくていいので、**まずは「適当」に手をつけてみましょう。**

頑張りすぎると長続きしなくなりますし、結果を求めすぎても続きません。

「適当から夢中」にさせてくれるスイッチを押してくれるのが、あなたにとっての「夢中になれるもの」ですから。

15 モテる男は、時間の「つくり方」が上手！

家に帰ったら、2秒で全裸になる。

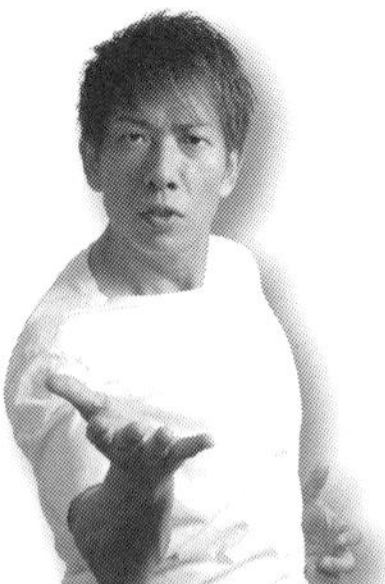

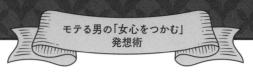

モテる男は、忙しいにもかかわらず、いろいろなことにチャレンジしていて、つねに新しい情報と触れ合っています。なので、話をしていても引き出しが多く、話題に困りません。

残念な人は、「忙しい、忙しい」と口にして、周囲を不快にさせます。

モテる男と残念な人を比較したときに、**モテる男のほうが忙しいにもかかわらず、いろいろなことができているのは、時間のつくり方が上手《じょうず》だからです。**

時間をつくるためにやらなければいけないことは、**優先順位をつけることです。**やる気スイッチを入れるために、まずはハードルの低い簡単なことを一つ二つこなしてから、いちばん面倒くさい大変な仕事をこなします。映画や読書、お出かけや、人との会食など楽しいことは、あとに回します。

また、集中力が切れてしまったり、頭が回らなくなったりしたときは、**軽い運動をすることが有効です。**体も引き締まるし、一石二鳥！

やらなければいけないことがあるのに、スマホを触ってしまったり、ネットを見てしまったりして、気づいたら時間だけが過ぎている人も多いでしょう。

僕が実践している時間のつくり方があります。

朝は目覚ましのアラームの1回目で起きるというルールを課しています。

そして、目覚ましが鳴ったと同時に、カーテンを開けて日光を浴び、目薬を差します。

その直後、ベッドから起き上がって、あらかじめ枕元に置いてあった水を飲み、全裸になります。全裸になると、シャワーを浴びなければいけない気持ちになるので、そのままシャワーへ。

朝、ダラダラしてしまうときは、いつまでも部屋着で、頭もボサボサなときです。すぐに外に出られる準備をしていたら、急な誘いや、思い立ったことを行動に移しやすいので、**起きたらすぐに全裸になると、1日のスタートダッシュが切れます。**

また、仕事から帰ってきたときも、すぐにソファに座って、スマホをダラダラ見てしまうと、30分や1時間は平気で時間が過ぎてしまいます。

なので、**僕は仕事から帰ってきて2秒後に、玄関で全裸になります。**全裸になると、またシャワーを浴びなければいけない気持ちになるので、そのままお風呂に入ります。あとは、部屋着になって、プロテインを飲んで、歯磨きをします。

ここまでを一気にやることで、寝る準備が整います。また、歯磨きをしたことにより、お腹がすいても夜食を食べにくくなるので、変な時間に食事をとることの防止にもつながります。

バカバカしいと思うかもしれませんが、僕はこうして時間をつくっています。

PART 2

1万人抱いてわかった！

モテる男の「さりげない」習慣術

16 モテる男は、「やっぱり」食事のマナーがいい！

どんなグランメゾンでも、リラックスして食べられる。

モテる男は、食事の誘い方も、チョイスするお店も、そして食べ方さえも、「相手を気持ちよく」させます。

「何を食べるかではなく、誰と食べるか」という言葉があるように、「この人と食事をしたい！」と思わせなければ、食事会は実現しません。**食事もセックスも、相性やモテる、モテないが如実に表れます。**

また、つまらないことを「味気ない」と言いますし、「味方」という字は「味の方」と書きますよね。やはり、「食事の趣味が合い、食の好みが合う人とは〝仲間＝味方〟」ということを漢字が教えてくれています。

マナーは周囲への配慮でもあります。 どんなにおいしい料理でも、素敵なレストランでも、相手のマナーが悪く、こちらの気分や周囲の人の気分を害していては、おいしく食べられません。

逆に、マナーをしっかりしたうえで、ご飯をおいしそうに食べる人や、よく食べる人からは、生命力が感じられ、健康に見えます。
僕の経験則から、胃袋の大きさと性欲の強さは比例すると思っています（大食いファイターなど特殊なケースは別ですが……）。

さて、マナーとひとくくりに言っても、和洋中、そのほかたくさんのレパートリーがありますし、「郷に入っては郷に従え」の部分も多分にありますので、**ベースのマナーを学んだうえで、わからないことは給仕の方たちに聞くのがスマートでしょう！**

僕は幼少期からナイフとフォークで育ち、外食が多かったため、マナーを教えられていたのは幸いでした。が、それでも知らないことはたくさんあったので、「2日間で学ぶマナー講座」のようなところでみっちり学びました。

それから、レストランで実践し、わからないことは給仕に聞く、の繰り返し。**慣れてしまえば、どんなグランメゾンに行ってもリラックスして食べられるので、**

マナーは若いうちに学んだほうがいいです。

リラックスして食べられると、味もよりわかりますし、食べているときの表情＝食相もよくなります。すると、食べることが楽しくなり、いろいろな知識を吸収すると、おいしいお店にくわしくなってきます。

僕は22歳のころからガイドブック（主にミシュランと食仲間の口コミが中心）を持っては世界中を食べ歩いてきました。なので、知人にはよく「〇〇地方でおいしいお店、知ってる？」と聞かれます。カーナビのようにその土地が思い浮かび、オススメのレストランがピン留めされている状態なので、店名や「なぜ、オススメなのか」を伝えると、みんな喜んでくれます。

知恵ある人、笑顔のある人、そしておいしい料理のある場所に、人は集まります。モテる男とは、人の集まる中心に入れる人です。

マナーに不安のある人は、マナーを専門家にしっかり学び、ガイドブック片手に足を運んでみましょう！

17

モテる男は、
清潔感が「半端ない」！

女性に触れている分だけ爪の長さが短い。

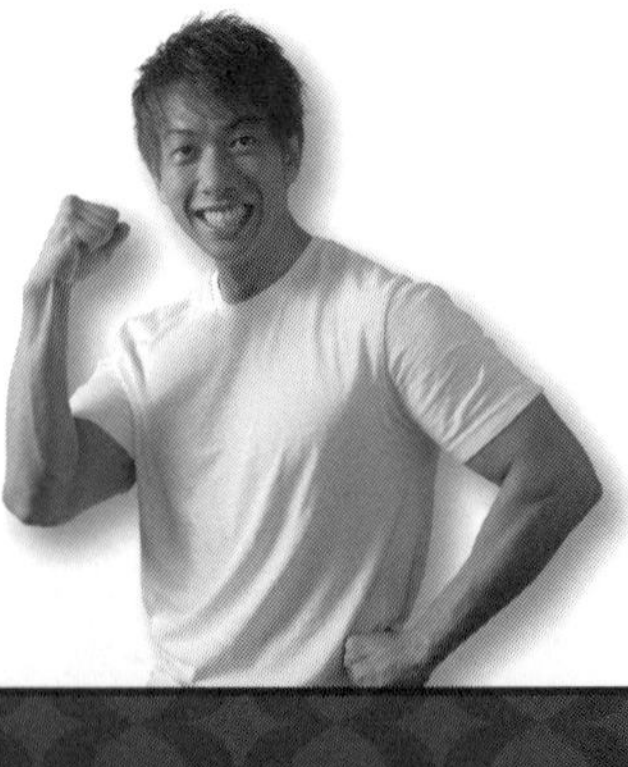

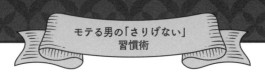

モテる男を可視化した「ビーチフラッグ理論」の、いちばんの根底にあるのが清潔感です。**清潔感がないと、スタートラインにも立てません。**モテるというのは、この人と子孫を残したいと選ばれることです。

不潔は不健康や病気に直結しますから、子孫を残すという観点からも選ばれないのは当然です。女の子に「好きなタイプは？」と聞くと、千差万別、いろいろなタイプが出てきますが、「嫌いなタイプは？」と聞くと、みんな口をそろえたかのように「不潔」というのが挙がってきます。

ここで大事なのは、**清潔感があるかどうかは、自分ではなく、周囲の人間が決めることです。**よく、「自分は清潔にしているから大丈夫、言われなくても気をつけているよ」と不潔な方が言っているのを目にします。

自分では清潔にしているつもりでも、周囲からは不潔と思われていることもありますので、服装や髪型などは人に選んでもらうのが吉でしょう。

まず大切なのは、**「髪型、服装、肌、歯、爪、ムダ毛、そして言葉づかい」**の七つです。

①髪型は、月に1回、美容室に行き、女性の美容師さんに、「さわやかにしてください。スタイリングも教えてください」と言いましょう。その際に、眉毛も一緒に整えてもらいましょう。

②服装は、店員さんに「さわやかコーデを教えてください」と伝えましょう。自分で選んではダメです。

③肌は、高いエステに行かなくても、運動と、保湿と、水をよくとるようにすれば、おのずときれいになっていきます。

④歯は、2カ月に1回、歯医者に行って着色を取りましょう！

⑤爪は、切るだけでなく、爪ヤスリで角を取ってください。女性は男性の体をとてもよく見ています。これは女性の体のなかに入ってくるのがペニスと手だからです。なので、女性にとって、手というのはペニスと同じなんですね。

⑥ムダ毛は、剃《そ》るのではなく、脱毛するといいでしょう。まずはヒゲをオススメしますが、予算があるようでしたら、全身脱毛をすると、生まれ変わったような気持ちになります。これは、やらないとわからない世界です。

⑦言葉づかいにも気をつけたいところです。清潔と不潔は、何も見た目だけではありません。言葉づかいにも表れますので、意識するだけでも全然違いますよ。

18

モテる男は、
決断力が「すごい」！

うまくいかないことを厄年のせいにしない。

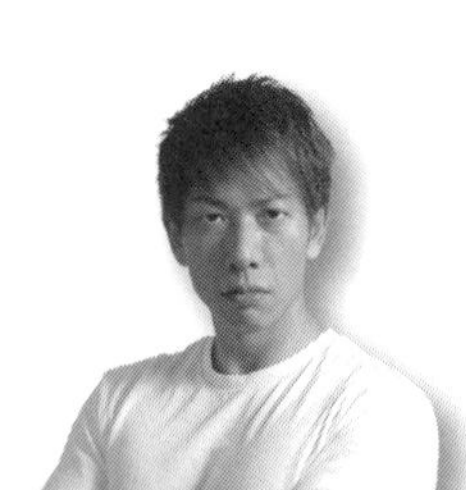

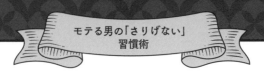

モテる男は、もれなく決断力があります。これは、**モテホルモンである〝男性ホルモン〟に影響しています。**男性ホルモンがあふれている人は、仕事がバリバリで、体つきもたくましく、考え方も、そして決断力も優れています。

また、**決断力のある人は、パッと選んでも後悔は絶対にしません。**よくある、野菜を買ったあとに、ほかのスーパーを見たらそっちのほうが安かったという感情を、自分から選択しないんです。

「自分が決めたことが最善手」。何かを選んだあとに、ほかの選択肢を見てしまうと、つい「あっちにしておけばよかった」と思ってしまうのが、モテない男の傾向。

また、**モテる男は、たとえその決断力が裏目に出たとしても、反省はしても後悔はしない。**それは自分の成長の糧となるという思考を持っているからです。

この決断力を鍛えるのに最適な場所が、ファミリーレストランや飲み屋さんなどの飲食店。僕は席に着いたらすぐに店員さんを呼ぶボタンを押します。**店員さんが来るまでにメニューを見て、店員さんが来るころには注文するものを決めている状**

態にします。いつも同じものを頼むからではなく、どれにしようかなと迷わず、「いちばん口にしたい！」と思ったものを選ぶのです。

しかし、これを誰かといるときにやると、すごく嫌がられるので、注意してください（笑）。

なので、鍛えるのは、ひとりでいるときにしましょう！

また、**車の運転は決断力の連続。**車線変更をしまくり、抜きつ抜かれつ、などの話をしているのではありません。どれだけ助手席の人が安心して乗っていられるか、思わず安心して寝てしまうような運転を目指しましょう。

僕は、ほかの車のブレーキランプを点《とも》すことなく、エンジンは２０００回転以下で、いかに周囲と乗っている人へ配慮し、燃費よく走るか。それが本当の運転のうまさだと思っています。

これを裏づけるかのように、**運転手を雇い始めると、その人のトゲがなくなっていくのがよくわかります。**そして、トゲがなくなると、人に刺さるものもなくなります。

WBC世界ライト級など5階級制覇のプロボクサー、フロイド・メイウェザー選手はロールス・ロイスを自分で運転して会場入りしていました。ロールス・ロイスは運転手をつけることが多いのですが、それをあえて自分で運転するとは、まさに男性ホルモンの塊！

また、**僕は、モテる男は、厄年という言葉を使わないと思っています。**

人は40歳を過ぎると男性ホルモンが落ちてきます。ちんちんの質が悪い、中折れする、性欲がなくなってきた、なども、40代からかなり個人差が表れてきます。

男性ホルモンの分泌が落ちると、決断力もなくなり、若いときに比べて仕事がうまくいかなくなったり、仕事で成果をバリバリ出せなくなったり、自分の成長速度が遅くなるのを感じるので、それを年齢のせいや、厄年のせいにする人が多くいます。

僕は厄年という言葉を使う人は敗者だと思っています。

厄年のせいにして、お祓《はら》いに行くのではなく、日光を浴びながらスクワット、お腹まわりの肉を削《そ》ぎ落とし、トレーニングをして、男性ホルモンを体から噴き出させる。

人任せのお祓いではなく、自分で鋼鉄の塊を持って、自分自身で年齢という言い訳をつぶしていく。そんな男がモテる男です。

19

モテる男は、記憶力が
「やたら」いい！

会話の要所要所に相手の名前を入れる。

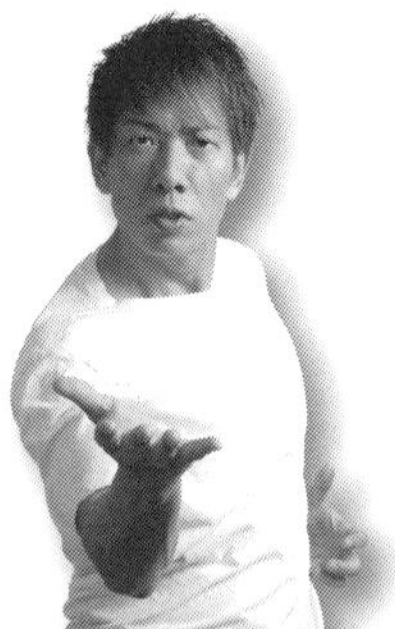

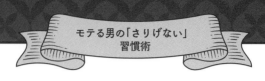

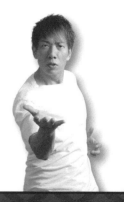

記憶力がいい人はモテます。

「人の名前が覚えられない」とは、よく耳にする話ですが、そんなことを言っていたら、いつまでたっても覚えられないですし、永遠にモテません。

モテる人は必ず相手の名前をしっかり呼びます。それがたとえ久しぶりに会ったとしてもです。

久しぶりに会って、「○○ちゃん、久しぶり！」と言われたら、「覚えててくれたんだ！」と、うれしくなります。

名字で呼ぶか、下の名前で呼ぶかは、その人との〝距離感〟に応じて臨機応変に。あまり慣れ慣れしくするのも困りものなので、**大前提としては、「親しき中にも礼儀あり」で接してください。モテる人は、そのへんの距離感の取り方も上手なんですよね。**

しかも、モテる男は、久しぶりに会った人に対して、「前に○○が好きって言ってたよね」とか、「○○で有名な××さん、お久しぶりです！」など前回話した内容を盛り込んできて名前を呼ぶ人もいます。
「よく覚えてますね！」となり、**「めっちゃ印象的でしたから！」と記憶に残っていることを伝えられたら、そのあとの関係も、より良好なものとなるでしょう。**

そして、03項でも書きましたが、実際に「前に話をしたお店」や「話題にした映画」などに行っていたり、見ていたりしたら、話がはずむこと間違いなし！

記憶力は「覚えよう」という気持ちが大切です。「苦手だ」という姿勢ではなく、「今日から覚えるぞ！　忘れても覚えるぞ！」という気持ちで人と接してください。

また、**人の名前は、「呼んでみる」ことで覚えやすくなります。**

呼ぶ前に、「なんて呼んだらいいですか？」と聞くと、2倍覚えやすくなります。そして、声に出して「○○さん、じつは先日……」と会話の冒頭で名前を呼んでみると、口も記憶してくれます。

それでも不安な人は、**メモをするといいでしょう。**

僕は会った女優さん、仕事をした女優さんの「会った日にち」「しゃべった内容」「そのときの情報」などを細かく書いている**「しみペディア」**をつくっています。

次に会うときに、メモを読み返して復習して、頭に入れて、もう1度会う。そして、**前回の話をすると、すごく喜んでもらえる**、というのが実体験としてあります。

記憶力は、才能ではなく、努力で鍛えることができるのです。

20

モテる男は、「何かと」スマート！

ラブホテルではなく、シティホテルを取る。

モテる男は、かゆいところにまで気が回るスマートさがあります。残念な人は、「それ、先に考えておいてよ」と行き当たりばったりのドタバタが多く、その際に気持ちが冷めてしまう話はよくあることです。

お互いに気持ちが高まっているのに、ラブホテルの空室難民になり、結果、空いている部屋がバカ高い部屋しかなく、女性も歩き疲れているから、しかたなくそこに入る……という経験ありませんか？

モテる男は、ホテルやタクシーなどの使い方が上手です。 いまはネットで近くのシティホテルを探せば、ラブホテルより安く泊まれるところもたくさん見つけることができます。タクシーも、捕まらないのではなく、アプリで呼んで、タクシーが来たらお店を出る。

僕が心がけているのは（豪雪地帯などでは難しいと思いますが）、**「天候に左右されない行動」**です。

晴れた日は太陽が元気をくれて、雨や雪は2人の距離を縮めてくれます。この本を読んでくださっている方の住んでいる場所や生活環境はさまざまだと思いますが、どんなに都心部でも、車は持っているに越したことはないです。

維持費や駐車場が高いと思う人は、車から得られる経験を上手に使えていない人です。車は快適な個室空間を与えてくれ、移動手段の選択肢も増やしてくれます。

そして、車が地下駐車場にあれば、雨や雪が降っていても濡《ぬ》れずに車に乗れて移動でき、シティホテルの地下駐車場に入り、部屋に上がれる。シティホテルにはレストランやバーがあるので、部屋とレストランとバーを有効活用できます。

ただ、電車移動も楽しいので、電車、車、徒歩、自転車、タクシー、飛行機など、いろいろな移動手段で、どれがいちばんスマートに移動できるのかを考えるのが大切です。

また、**支払いに関しても、クレジットカードを有効に使いましょう。**

よく、女性と食事に行った際に領収書をもらうのはダサイと考える人がいますが、「領収書ください」「宛名は?」「但し書きは?」と、やりとりをしている姿がダサイんです。

僕は、あらかじめ領収書の宛名を紙に書いておいて、クレジットカードと一緒に渡すようにします。

このスマートさは、逆に評価され、金銭感覚がしっかりしている人という印象も与えることができるでしょう。

クーポンやポイントカードも同じで、スマートさが大切です。クーポンやポイントカードを探している姿を見せるのではなく、あらかじめ「このクーポン、使えますか？」と聞いておいて、準備しておきましょう。支払いの際にクレジットカードと一緒に提出すれば、探す姿も見せなくてすみます。

スマートな姿を見れば、金銭感覚やちゃんと先を見越している人というプラスの評価につながります。また、カードを使うことで、クレジットスコア（信用偏差値）を上げることもできますし、上級カードになればコンシェルジュもつきますから、よりスマートさが生まれ、モテている人がどんどんモテるようになるんです。

芸能人やお金持ちの家庭でないかぎり、スタートは一緒です。**どうしたらスマートに相手をエスコートできるかと考え、想像を働かせることが、モテる男へ導いてくれます。**

21

モテる男は、性を意識させるのが「自然」！

女性から15㎝の距離に近づけたら脈アリと判断する。

モテる男は、楽しい食事やデートから「この人とセックスするかも／したい」と思わせるのが自然です。

逆に、残念な人は、「食事からセックスへの持ち込み方がわからない。何かいい言葉ありますか？」と答えを求めてしまいます。

女性が「性を意識する＝男として見る＝この人とセックスするかも／したい」と意識するスイッチは、いたるところに隠されています。

しかし、そのスイッチは、「スイッチのかたち」をしていません。モテる男は、それを探し出すのがうまく、残念な人は「スイッチそのものを探そう」とするのです。

では、スイッチのかたちをしていないスイッチは、どこにあるのでしょうか？

代表的なのは、**「触れたり／触られたり」と、肌と肌が触れ合ったときです。**

いちばんの理想は、手をつないだり、キスをしたりなのですが、いきなりそんなことをしたら、相手もびっくりするでしょうし、嫌われてしまいます。

物理的な触れ合いの前に、「距離感で触れ合う」「言葉で触れ合う」「目で触れ合う」「相手からの興味で触れ合う」という段階があります。

それらの段階をクリアして初めて物理的な触れ合いができるのです。なので、残念な人が知りたがる「ＯＫサイン」は実際にあるわけです。

まずは、**「相手からの興味」がこちらに向かなければなりません。**男性がシャツの袖をまくる。まくると腕の血管が浮き出ますので、女性の目につきやすく、効果的です。17項で書きましたが、女性器のなかに入ってくるのはペニスと手ですから、女性は指や腕に性的なものを感じる傾向にあります。

次に、**唇や仕草が色っぽい**（23項を参照）。

また、**会話をしていて笑いながら目を見つめる「目の触れ合い」があります。**目を見つめて、「え!? 何？」とか、「怖い、怖い」とか、すぐ目をそらすようでしたら、まだスイッチが入っていない証拠。前段階の、相手からの興味スイッチを入れ直しましょう！

さらに、**「言葉で触れ合う」のも、相手に自分とセックスする未来を想像させる大切なコミュニケーションです。**「キス、絶対上手だよね」「いままでの彼氏がうらやましい」「絶対エロいでしょ」などです。それで話に乗っかってこないようでしたら、それまでのスイッチが入っていない証拠です。

「距離感で触れ合う」は、「相手のパーソナルスペースに入って受け入れられるか？」というもの。知らない人や仲のよくない人が目の前に近づいてきたら怖いですよね。男性に比べてパーソナルスペースが狭いといわれている女性ですが、15㎝以内に入り込めたら距離感スイッチは入っていることが多いでしょう！ スマホの画像を見せ合ってのぞき込んでも、「近い、近い」と言われなかったらマルです。

そこからの**「物理的な肌と肌の触れ合い」**があります。横並びのカウンターなら肩や膝が触れ合う、ネイルや手相などを見る、マッサージをする、などが許されるわけです。

もちろん、これらの順番は人によりますので、「飛び級」もありますが、「ビーチフラッグ理論」の上位三つに入っていない人は、これらを意識することが大事です。

モテる男は、これらを自然にクリアして女性に近づいているのです！

PART 3

1万人抱いてわかった！

モテる男の「すぐに使える」会話術

22

モテる男は、
「つねに」笑顔で上機嫌！

落ち込んだら、
ご飯を食べて、
オナニーして寝る。

モテる男は、いつも明るく笑っています。「不機嫌な顔を見たことがないし、想像もできない！」と言う人も少なくありません。

また、楽しそうに笑っている姿は、どこか少年のようだったりもします。少年の心を持ったまま大人になるということは、ささいなことにも発見と楽しさを見いだすことができます。子どものころの、見るものすべてが新鮮で初めてでワクワクしていたあの感覚です。

その心を持つには、**素直な気持ちと、なんにでも好奇心を持つことと、いつも本気でいることが大事です。**

大人になると、ずる賢い側面を見ることが多くなり、懐疑的になりがちですが、まずは信じてみる。

期待すると、裏切られたときに落胆と怒りが湧いてくるので、「信じるけれども、期待はしない」と何度も心に唱えてください。

好奇心は、「何かおもしろい話のネタを拾ってやるぞ」という気持ちでいること。子どものときは、いつも本気の全力でしたが、いつしか「力を抜くこと」を覚えて、それが定着してしまっています。常日ごろから全力で行動しないと、本番で全力が出せるはずがありません。練習を全力でやっていないスポーツ選手が、本番でいきなり全力でできるわけがないのと同じです。全力で生きていると、夜はぐっすり眠れます。力を抜いて生きていると、休めるほど疲れていないので、なかなか寝つけないものです。

また、子どもは超素直。なので、怒りもあらわにしますが、子ども心を持った大人は、素直さに加え、アンガーマネジメントができている人が多いため、**「笑顔と上機嫌は大人のマナー」**と言われるようになります。

感情はとても伝染しやすいです。なので、怒りっぽい人、イライラしている人に近づきたくはないですよね。

また、笑顔は世界共通語です。人は笑顔があるところに自然と集まります。

そして、**モテる男は、自分のストレス発散法＝自分のご機嫌の取り方を知っています。**人間ですから、気分が乗らないとき、落ち込んでいるときもあります。そんなとき、「これをすれば、ストレスを発散できる、元気をもらえる」という行動を知っている人は強いのです。

ここで重要なのは、ストレス発散のための買い物やドカ食いなどの「ため込む」行動は逆効果だということ。

ストレス発散は「出して」いかなければいけないので、ため込む行動より、掃除をしてゴミを出したり、運動で力や汗を出したり、映画を見て泣いて涙を出す、カラオケに行って声を出すなどの吐き出す行動をしましょう。

僕がいつも心がけていることは、気分が落ちているときはジムに行き、おいしいものを食べて、オナニーして寝る。すると、たいてい元気になっています。

自分なりのストレス発散法＝自分のご機嫌の取り方を見つけて、笑顔と上機嫌でいられる、子ども心を持った大人を目指しましょう！

23

モテる男は、相手の目を見て「ゆっくり」話す！

ゆっくり、低い声で話し、理屈っぽいことを言わない。

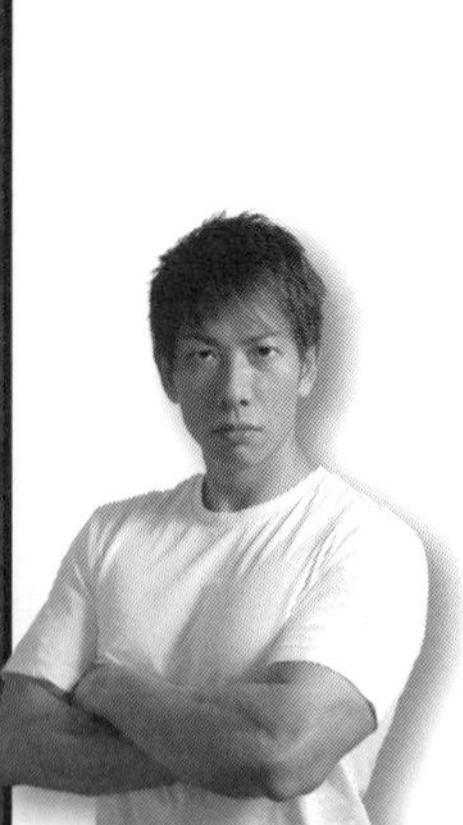

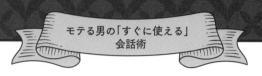

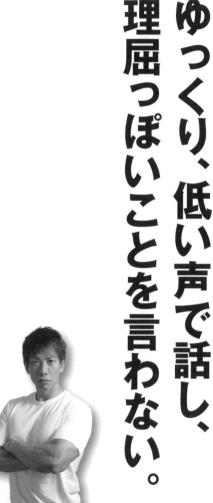

「食事までは楽しくデートしていたのに、そのあとのホテルに連れ込む言葉とタイミングがわかりません」

という質問をよく受けます。

この質問をしてくる人の共通点は、「勉強ができる人」です。

頭のいい人は、いろいろなことを知っているため、「知識を披露したり、教えたりすること」ができます。その話を聞く相手は、とても勉強になるでしょう。

でも、それって、相手は会話を楽しんでいるのではなく、「一方的に話を聞いている」状態で、言葉のキャッチボールができていないんです。モテない人は、それに気づいていない人がとても多い！

そうではなくて、**相手と言葉を交わして、「話を構築していく」ことを意識しましょう。**

そして、モテない人は、早口で理屈っぽくて、つい難しい言葉を使って話しがちです。

モテる男には、色気があります。

色気とは、「口」まわりに集約されています。ポテッとして潤っている唇。ヒゲがカッコいいのは、口まわりを強調しているからです。タバコを吸う仕草も、口の動きや煙を吐くときの口元がカッコいいと感じるのです。

低い声でゆっくりしゃべる。その落ち着きと雰囲気などに人は色気を感じることが多いです。

想像してみてください。「色気の逆を行くのはなんだろう？」と。

僕が思うのは、声が高くて、早口で、元気に大きな声で話している姿です（これはこれで元気をもらうからいいのですが、色気やモテるとはかけ離れてしまいます）。

なので、その逆を演出すれば、色気はつくれるのです。

また、女性は自信のない人を嫌います。**目を見て話す人からは自信を感じ取れるので、なるべく目を見るようにして話をしましょう。**

目を見るのが恥ずかしいという人は、相手の鼻と交互に見たりして、徐々に慣れていきましょう。

これらは意識をするだけでも、いい方向に変わっていきますよ！

24

モテる男は、受け答えが
「はっきり」している！

「答え」「＋α」「振り」の順で言葉を返す。

モテる男との会話は、**「かゆいところに手が届く」**ような言葉のキャッチボールをしてくれます。

たとえば、僕が「その話はクライアントに伝えてあるの？」と聞いたとき、モテない人は、「多分、大丈夫です」と、僕が伝えてあるのかどうかという質問に対する答えが返ってきません。

モテる人は、「まだ伝えてません。向こうの出方を見てから伝えたほうが有利だと思うからです。向こうの返事を待ってからにしませんか？」と、**こちらが気になることを、すべて先回りしてしゃべってくれる気づかいを感じます。**

みなさんも、いままで漠然と質問に答えていたところを、これからは以下の順を意識すると、グッとモテ度が上がります。

①聞かれた質問に対する答えを短くはっきり言う

例「好きな食べ物は？」

◯「焼き肉です」

×「なんでも好きですよ」

↓質問者は、具体的な食べ物の名前が出てきたら、そこから話を広げようとしているのに、これでは、相手が「なんでも？　和洋中だと？」などと、もう1回質問することになる。

②その答えに対する＋αを言う

例「好きな食べ物は？」「焼き肉です」の次に「＋α」を述べると会話が広がりやすい。

◯「なかでもホルモンが好きで、銀座にある◯◯ってお店のホルモンが、いままででいちばんおいしかったです」

×「焼き肉です」（＋αの情報なし）

↓質問者は、何もないところから、自分で広げる苦労を強いられる。

③相手に振る

◯「◯◯さんは何が好きなんですか？」

×「………」（質問者に話を振らない）

↓結果、会話のキャッチボールが成立せず、話が続かなくなる＆質問者も「空気づくりが大変だな」と感じる。

質問されたら、まずわかりやすく答えを言ってから理由や情報などの＋αをつければいいのに、＋αから言っちゃう人が本当に多いんです。答えにたどり着くまでが長くて、途中から聞く気持ちも削がれて、結局、何が言いたかったのかわからない。

また、**質問者が気にしていることを、こちらから先に答えると、とても喜ばれます。**

「(いつもお世話になっているクライアントさんから) しみけんさん、今回予算がなくて……〇〇の件ですと、いくらくらいで仕事を受けてくださいますか？」

と来たときに、「〇〇円でも可能ですか？ 予算がないとのことで、当日、メイクさんやお弁当などは必要ありません。もしこの予算で可能でしたら、来月の1日と2日の14時以降があいております。ご都合いかがでしょうか」と、質問者が聞きたいであろう情報をすべて詰め込んで返信したところ、「仕事の質がよすぎて本当に感謝です」と、**何回もやりとりをすることなく、すぐに話もまとまり、感謝されました。**

このやりとりは、仕事だけではなく、人間関係を築くうえで、重要になります。

25

モテる男は、「とても」聞き上手！

耳は二つで口は一つ。聞く：話す＝2：1にする。

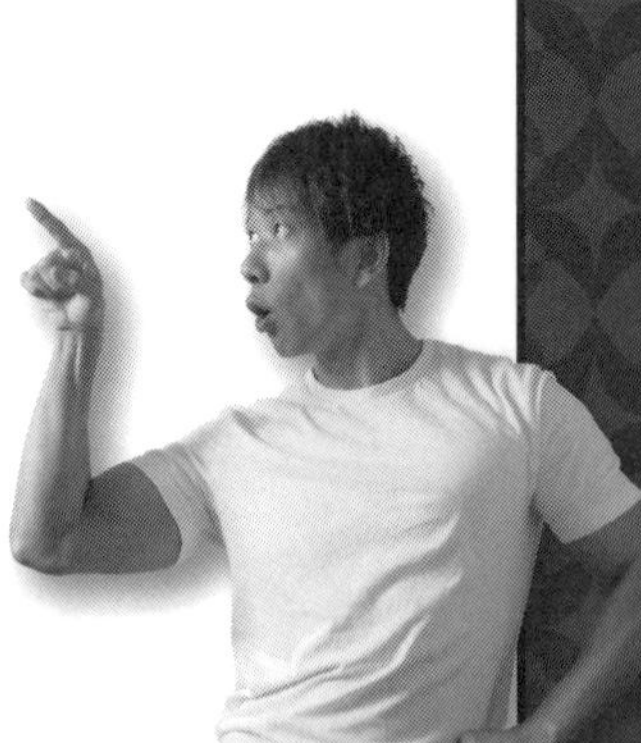

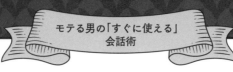

人はたくさん自分の話を聞いてもらうと、うれしいものです。相手が楽しそうにしているなら、うれしさも2倍、3倍となります。

「あー、今日は楽しかったなぁ」と思うときは、**あなたが楽しませたのではなく、相手の質問力が高かったから、楽しく話ができたんだということを覚えておいてください。**自分の力ではなく、周囲が楽しい環境をつくってくれたということですね。

モテる男は、相手に楽しく話をさせる「話を引き出す力」があります。

僕は、耳が二つあって口が一つなのは、「聞く2対しゃべる1」の割合にするといいよ、ということだと信じてやみません。

いろいろな本に、モテるには「相手の話を聞いて、相づちを打って、よく笑う」というようなことが書いてありますが、これだけでは十把《じっぱ》一《ひと》からげのモテる男。

よりレベルの高いモテる男になるには、話を引き出しまくって、相手が気持ちよくなってきたときに、「あなたはどうなの？　私ばかり話をしていては申し訳ないわ」と、**話を振ってきた際に最高の「返し」をすること。そうすると、その場はグワッと盛り上がります。**

僕のフィールドはエロですから、その場が下ネタで盛り上がって、僕に話を振られたときに、相手を尊重したうえでの最高のエピソードトークをする。

すると、**自分から話をし始めるより、自然にいやみなく自分の話ができますよね。**自分の話をするために会話の流れを切ってしまっては、誰もあなたの話を聞いてはくれません。もし自分がそうして話し始めてしまったら、早々に誰かに話を振りましょう。

相手から話を引き出す練習はテレビやラジオでできます。

トーク番組のMCやパーソナリティが上手にゲストから話を引き出す、その手練手管を、メモを取りながら見聞きしましょう。

そして、**自分がMCの立場やゲストの立場だったら、それぞれどのように答えるかを考えるのは、とてもいい会話の練習となります。**ぜひ試してみてください。

26
モテる男は、「やっぱり」同調上手！

「わかる」「聞かせて」「なるほど」「深いね」の4語を駆使する。

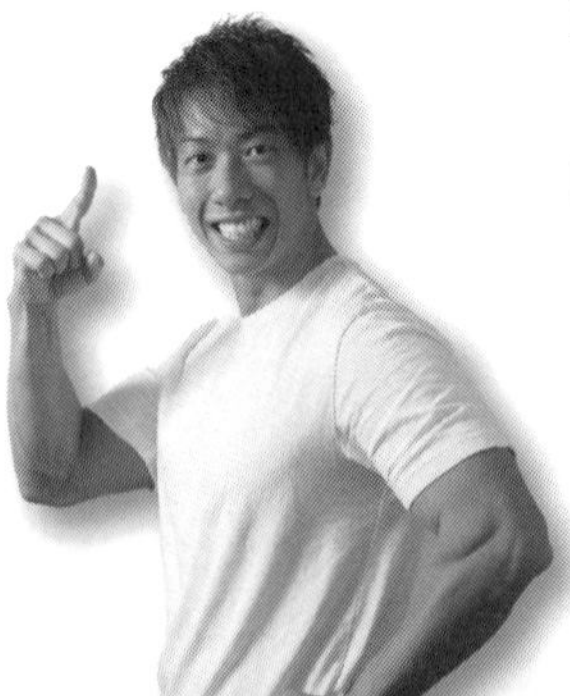

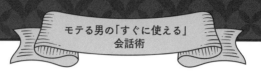

モテる男は、同調上手。

いまとなってはよく言われることですが、**僕にそのことを気づかせてくれたのが、新宿二丁目のゲイバーでした。** ゲイバーは女の子からも人気がありますし、イケてる女の子には決まってゲイの友だちがいます。メイクさんにも、ヘテロ（異性愛者）よりバイやゲイのほうが多い気がします。疑問に思うかもしれませんが、その答えは、話すとすぐにわかります。

店員さんが**「同調上手」なんです。** ゲイバーの会話の始まりで多いのが、「わかるー」と同調、共感する言葉。えてして女性は会話を楽しみたいと思っている人が多く、男性はおもしろいエピソードトークを求めがちです。女性は雑談をして同調、共感を求めているのです。男にありがちな具体的なアドバイスなど、はじめから求めていません。

そして、ゲイの方たちは女性の悩みと同じ悩みを持っているので、女性も話していてとても楽しそうなのです。

また、**ゲイやオカマの方たちは頭の回転が速い人が多く、切り返しも言葉**

のチョイスもおもしろいんです。だから、人に好かれるんですね。

僕の知人のモテる男は、スマホを触りながら、女の子とテンポよく会話をして、しかも、女の子は満足げに話し、楽しそうなんです！

スマホを見ながら女性を楽しませるなんてすごいなぁ……と思って、よく耳をこらして聞いていると、彼は「四つの言葉」しか使っていないことに気づきました。

その四つとは、**「わかる」「聞かせて」「なるほど」「深いね」**。それに表情をつけて、スマホをいじりながら話をしていたのです。

僕も、この4語は、相手の目を見ながらヘビーユーズします（笑）。

とくに「聞かせて！」と言ったときの相手の目は爛々《らんらん》としています。やはり、**人は話を聞いてもらうのが好きなのですね。**繰り返しますが、耳が二つで口が一つなのは、「聞く2に対して話すを1の割合で」という意味です。

また、**人の話を聞くときの姿勢も大事です。**上半身は前のめり、相づちを打ちながら、この4語を駆使する。腕を組んだり、椅子の背もたれに寄りかかったり、相手とのあいだにコップやカバンなどを置かずに、屈託のない顔でうんうんと聞くのです。

腕を組んだり、相手とのあいだにコップやカバンなどが置いてあったりするというのは、「壁」をつくっているんですね。

なので、**モテるには、心をオープンにして、すべてを〝いったんは〟受け止めることが大切です。**

27

モテる男は、「ちゃんと」ツッコんでくれる！

「おい(^^)」「コラ(^^)」の2文字で、相手に会話のシュートを決めさせる。

僕は、お笑い芸人さんを心の底から尊敬しています。超リスペクトです。

お仕事でご一緒させていただくことも多いのですが、僕がどんなにムチャクチャなことを言ってもおもしろくしてくれる〝空気を操る魔法使い〟のような方たちです。

芸人さんからは、その場の「雰囲気を良くするのも悪くするのも、その人次第」ということを学びました。

とはいっても、ちょっとやそっとでは芸人さんのようにはなれませんから、いろいろな芸人さんに質問をしました。

とある芸人さんに、「お笑いの養成所では、どんなことを習うのですか？」と聞いたことがありました。

すると、「とくにないけれども……**素人がボケたときは全力でツッコめ**、ですかね」と何気なく言ったんです。

この返答に、僕は一生を揺るがす衝撃が走りました。

人がボケたとき、どんなに寒くて、つまらなくて、苦しくても、ツッコ

めばおもしろくなるかもしれないし、周囲の空気もいまよりかはなごやかになる。相手もツッコんでくれた人に感謝をするでしょうし、上手にツッコめたら、自分の株も上がるし、いいことしかないじゃないか！　と気づかされたのです。

しかし、僕は素人。急にうまくツッコめるはずもありません。そして、発見したのが、素人の僕でも使いやすい「おい(^^)」や「コラ(^^)」などの短くてやさしい言葉でした。**上司や先輩のしんどいオヤジギャグにも、「コラ(^^)」とやさしくスパッと言うだけで、なごやかな雰囲気になることを実感。**

もちろん、女性に対してでも同じように接することで、「どんなルーズボールでも拾ってくれる人」という好印象を持たれることでしょう。また、その場にいる人全員が救われるのです（大げさですかね？　笑）。

モテる人は、「相手にシュートを決めさせることができる人」です。ツッコむことにより、相手も「この場の空気をつくっているのは私だ」と錯覚することができるのです。

たった2文字を言うだけで、人生が変わるんです！


また、ある大御所芸人さんが言っていて、とても印象に残っている言葉があります。

それが、「手をたたいて笑うようになったらおしまい」という言葉。

なるほど！　たしかに、テレビを見ていても、2人の会話のやりとりで手をたたいている人にシュートは決められません。バッターボックスで見逃し三振するのと同じです。

手をたたいて一緒に笑ったりするのも、ときにはいいのですが、笑って手をたたくというのは、中心ではなく「周囲の人」がやる動作。

モテる人は、「話の中心にいるもの」なので、「なるべく手をたたいて、笑ってすませるようなことはやめよう」と僕も意識しているのですが……難しいんだよなぁ。

もっとメタ視点を持って会話しないと……おっと、ひとりごとが出てしまいました（笑）。


みなさんも、芸人さんの動作を観察して、全力でツッコめる人を目指していきましょう！

28

モテる男は、「小さい」頼みごとが上手！

「充電器持ってる？」のひと言で、好意のマッチポンプを起こす。

モテる男は、女の子に「小さくて、簡単なお願いごと」をするのが上手です。

「ごめん！ カバン取ってくれる？」とか、「充電器持ってる？」とか、「しょうゆ取って！」などです。

あくまでも「上手にお願いをする」なので、**本当に申し訳なさそうに、困っているふうに、でも明るく頼むんですよね、モテる男は！**（笑）

人は簡単なお願いごとでも、好きでもない相手に言われて聞いてあげると、「認知的不協和理論」という心理が働くといいます。これは、「好きでもない人のために自分が親切にしてあげた」と矛盾を感じてしまうので、自然とこの人を「好きなんだ」と思い込んで、自分の行動のつじつまを合わせようとする理論です。

たしかに、逆にこちらから「手伝おうか？」と声をかけて、「大丈夫」「やるやる、自分でやる」と言われたら、なんか寂しいですよね。「ほんと？ お願いできる？」と言われたほうが、自分の仕事量が増えているにもかかわらず、好感を持ちます。

また、**頼みごとが上手な人はお礼を言うのも上手です。**

明るく、楽しく、笑顔で「ありがとう！」「サンキュー！」と言われたら、こちらまで、してあげた労力の何倍も上機嫌をもらうことになります。

人が人にあげられる最大のプレゼントは、「知恵と上機嫌」です。さりげなく上機嫌にさせてあげられる人は、当然、人に好かれますよね。

おっと、よく考えてみたら……モテる男は、

「自分からお願いをする」
←
「お願いごとをしてもらい、相手に認知的不協和理論を発動させる」
←
「上機嫌で何倍返しをする」
←

「相手はうれしくなる」

と、何もないところから上機嫌と好意を生み出しています。恐ろしい！（笑）

そう！ **モテる男とは、何もないところからの「好意のマッチポンプ」が上手なのです！**

こりゃ、狙われたら、好きになっちゃうよ！

これが最強の人たらし術かも⁉

29

モテる男は、「好かれる」
ワードを知っている！

「好き」「会いたかった」を
キラーワードにしている。

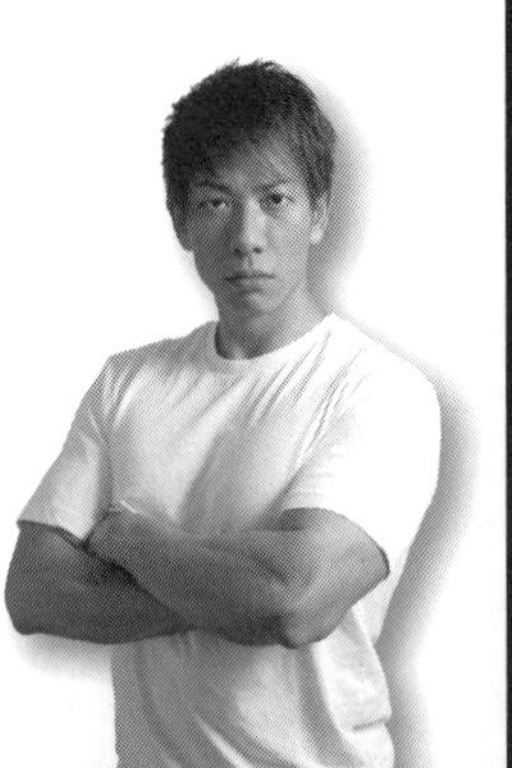

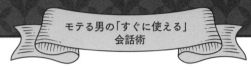

モテる男は、モテる言葉のチョイスが上手です。

しゃべっていて、「この人の言葉のチョイス、素敵だな」と感じさせてくれる人もいれば、一方で、そんなつもりはなくても、「その言い方はないよね」という言葉のチョイスをしてくる人もいます。

モテ言葉の代表が「好き」。

女性が髪型を変えて目の前に現れました。そこで、「その髪型、似合うね」と言うのと、「わー! めっちゃ好き」。女性が好きなアーティストの「○○って曲をよく聴く」とわかったとき、「いい曲だよね」と言うのと、「僕も○○大好き!」だと、「好き」と言われたほうが、心の距離が近くなった気持ちになりませんか?

「好き」は、言われると誰もがうれしくなる魔法の言葉です。

また、「好き」という言葉はその人の主観ですから、良い、悪いなどの問題ではなくなりますし、共感も得られます。

さらに、好きと同様にモテ言葉なのが「会いたい系」です。

とある歌番組の司会者が久々に来たゲストを呼び込んだときに発した言葉が、「会いたかったー！」でした。その瞬間、見ている僕までニヤニヤしてしまったんです。

ここで、「お久しぶりです」「お忙しいところ、ありがとうございます」ではなく、**「会いたかったー！」のひと言に気持ちが凝縮されている！**と感じました。

みんなが幸せになる言葉をチョイスできるからこそ、司会者に抜擢《ばってき》されているんですよね。これから久しぶりに会う人には、「会いたかった！」と最初に言うことで、よほどのことがないかぎり、相手はあなたに好感を持つはずです。

また、女性に対して「かわいい」「きれい」もいいのですが、**「髪、きれいだね」「肌、きれいだね」「そのピアス、かわいい」**などと相手の努力やセンスをほめてあげると、もうひとつ上の喜びを与えられるでしょう。

そして、**最強のモテ言葉が「恥ずかしい」です。**

人は、恥ずかしがっていると、もっと恥ずかしがらせようとしたくなったり、かまいたくなったりするもの。

この「恥ずかしい」という言葉は、謙遜の意味合いも出てきますので、とても使えます。

自分から「○○は恥ずかしいんだよね」と、**あえて自分のウィークポイントをさらけ出し、そこに誘い込む**……という「カリギュラ効果（やっちゃダメと言われたらやりたくなる）」も兼ね備えた〝モテの誘導〟もできます。

30

モテる男は、「自分に」インタビューをしている！

好きな食べ物を聞かれてパッと即答できる。

モテる男は、決まって人の興味を引くのが上手です。

人の興味の引き方は、常日ごろから人に話をする＝アウトプットを意識するのと、自分自身にインタビューをしているかどうか、で変わります。

あなたは、「好きな食べ物は？」や、「最近、なんかあった？」「最近、おもしろいことあった？」と聞かれて、人が興味を持つ回答をパッとできるでしょうか？ できないようでしたら、モテへの道はまだまだ遠いです。

カメラの前に立つ仕事ではなくても、これらはつねに聞かれる質問です。**いつ、何を聞かれてもいいように、最近聞かれてパッと答えられなかった質問を集めて、「自分自身の質問集」をつくってみましょう！** 準備ができていない人にチャンスは訪れません。

これらの質問をつくっていくと、人と会話をするのがもう1段階楽しくなります。また、聞いた相手も楽しくなります。

ちなみに、僕は「よく聞かれる質問集」をつくったおかげで、週に3回はあるインタビューをパッと終わらせることができています。

長くなりそうなインタビューには、あらかじめ質問に対する答えをメールで送る。そして、「これを先に読んでおいてください。そして、わからないことや、このなかにないものをつけ足していきましょう」と書くと、とても効率よく、内容も充実してインタビューが終わることができます。

これって、全員が幸せですよね。もちろん情報はつねに更新し、ブラッシュアップしていきます。

何を自分にインタビューをしたらいいのかわからない人のために、質問集をいくつか置いておきます。これらは、すぐに人の興味を引くエピソードをつけて答えられるようにしておきましょう。

好きな食べ物、趣味、特技、好きな芸能人、好きなタイプ、思わずキュンとしてしまう異性の行動、最近のマイブーム、自分の性格をひと言で言

うと、座右の銘、好きな映画、好きな本、最近笑ったこと、なぜいまの仕事に就こうと思ったのか、仕事を始めて学んだこと、いまの仕事でつらかったことや楽しかったこと、一発芸など。

これは最低限の質問です。いつも答えを用意し、ブラッシュアップも忘れないようにしましょう！

PART 4

1万人抱いてわかった！

モテる男の「即返事が来る」メール＆LINE術

31

モテる男は、相手の
「望み」を知っている！

メールやLINEは〝前戯〟と考える。

モテる男は、決断力も早ければ、メールやLINEのやりとりの〝終わり〟も早い。

終わりとは、「相手が知りたいこと、望んでいること」を満たしてやりとりが終了するということ。

会話のなかには相手の意図が隠れています。つねにその意図を酌んで話すという意識でいる人はモテます。

いますよね、なかなかこちらの問いや聞きたいことの答えを言ってこない人。

僕はメールやＬＩＮＥのやりとりは前戯だと思っています。会う当日、どんな気持ちで来ることになるのか。ワクワクしているのか、気が乗らないのか……**その面持《おもも》ちは事前のやりとりで決まるからです。**

たとえば、「いま、何してる？」というＬＩＮＥが来たとします。これを送るということは、相手は「何か自分に用事がある」ということ。なのに、「電車に乗っています」とか、「家にいます」といった、なんの情報もない返信を送ってくる人がとても多い。

そうではなくて、「いま、電車に乗って新宿に向かっています。18時には仕事が終わりそうなのですが、どういたしましたか？」や、「家にいて宅配便が来るのを待っています。14時までには来ると思いますが……いかがなさいましたか？」というような、**「向こうが知りたいであろう、こちらの情報」を先に伝えるのです。**

もしくは、「明日の夜、ご飯行かない？」という誘いが来たら、「いいよ！　何時？」ではなく、「19時に仕事が新宿で終わるんだけど、何時にどことかありますか？」といったように、**情報を盛り込むのです。**　また、断るときも、「明日は仕事が遅くなりそうなので、明後日の19時以降はいかがですか？」という**リスケ候補も入れておくと、相手に「デキる人」という印象を与えます。**

また、会話のなかでも、「○○君はお酒飲むの？」と聞かれたとします。これは、**自分が聞いてほしいことを質問にしてくるパターン**であることが多く、質問の答え方の組み立てに沿って、「飲みます！　焼酎でもワインでも。でも、すぐ酔っちゃうんですよね。○○さんは飲まれるのですか？　酒豪顔ですけれども……」と、同じ質問を相手にしてあげましょう。

「この話をなんで振ってきたんだろう？ 相手の話の着地点はどこなんだろう？」と、読み解きながら会話をする。

これに慣れる練習方法があります。

テレビのバラエティ番組を見ながら、**「なぜこの話を振ったのか、着地点はどこなのか」**ということを探りながら見ていると、だんだん「相手の聞いてほしいこと」が見えてきて、会話のラリーがうまくいくようになります。

テレビも見方によっては、とても勉強になる、いちばん身近なモテツールなんです。

32

モテる男は、誘い方が
「明るく、楽しく、断りやすい」！

「ヒマでしょ？（笑）」とは絶対に言わず、相手が忙しい前提で誘う。

モテる男は、「忙しくても、時間をつくって行きたくなるような誘い方」をしてきます。

逆に、残念な人は、なかなかお店や日程が決まらず、やりとりがムダに長く、メリットがなんなのかわからない……。だから、「行ったところで楽しくない！」と想像しやすい誘い方をしてきます。何が違うのでしょうか？

まず、モテる男は、第一声からして違います。「お疲れー」「はろう！」「しみちゃん！」などと**明るい挨拶から始まります。**仲がいいから、かしこまらず、いきなり本題を望む人もいますが、僕は「親しき中にも礼儀あり」で、ひと言あるほうが好きですし、楽しい人であることが多いです。

そして、「明日、銀座で18時に仕事終わるんだけど、前に話してた○○（お店の名前）、一緒に行かない？」や、「明日の18時から、田中さんっていう幼少期をライオンに育てられた人と渋谷でご飯するんだけど、一緒にいかが？ 田中さんも○○さんに会いたいって言ってたよ！」などと**時間や場所、お店や、当日何が起こるかが、わかりやす**

くちりばめられています。

ここで、惜しい人は「めっちゃ楽しい人とご飯」や、「めっちゃおいしい店」など具体例に欠ける誘い方です。

「めっちゃ楽しい人、おいしい店」で終わらせるのではなく、「先日、宇宙旅行して帰ってきた人」や「評価サイトで4・4点で、なかなか予約が取れない中華」などと**具体的で簡潔な説明があるといいでしょう！**

逆に、残念な人は、「明日、何してる？」や、「ご飯行こうよー」と、突然、なんの情報もなく誘ってきます。そんなな誘いが通じるのは、めちゃくちゃ好きな相手か、よほど行きたいレストランでないかぎり通用しません。

そして、たまたま予定が合わなくても、**モテる男は、「おけー！　忙しいのは承知のうえなので、また声かけさせて！」と、「忙しい前提」で話をしてくれます。**

残念な人は、「ヒマでしょ？　笑」とか、「そんなのいいから、こっち来てよー」と言ってきます。たとえヒマでも、「ヒマでしょ?」と言われたら、相当親しくないかぎり、カチンときますよね。

なので、断ったあとも「あー、行きたかったなー」と思ってもらえるような誘い方はなんだろうと意識しながら、相手を誘いましょう！

ちなみに、**こういうやりとりは、マッチングアプリの最初のメッセージのやりとりでも生きてきます。**知性が感じられないやりとりだと、なかなか会えません。「マッチングありがとうございます」や、「どういう人をお探しですか?」などの短い文章で終わらせるのではなく、自分の考えや希望などを盛り込み、「相手が話を続けやすい環境」をつくってあげられることが重要。

そして、残念な人がやりがちなのが、「いつあいてます?」や、「いつなら平気?」系。

相手からしたら、「なんで、そんな聞かれ方をしなきゃいけないんだ?」という気持ちになるので、「今週の金曜日20時からと、土曜日19時からがあいていますが、ご都合いかがでしょうか」などと**具体的な日程を提案すると、相手も話に乗ってきやすくなります。**

33

モテる男は、ミラーリングが
「恐ろしく」自然！

しゃべるスピード、文字数、語彙力まで相手に合わせる。

この本をお読みのみなさんは、もうすでにミラーリング効果という言葉は知っているし、実践をしている人もいるかと思います。

いちおう、おさらいをしておきますと、**ミラーリング効果とは、相手の仕草や言動などをミラー（鏡）のように真似《まね》することによって、親近感や好意を抱かせる心理的なテクニック。**

人は共通点が多ければ多いほど親近感を持つのは体感ずみだと思いますが、ミラーリング効果もその一種ですね。

僕の友人で相手にピタリと波長を合わせるのがとても上手な人がいます。あまりにもうますぎるため、仲間内で「ミラーマン」と呼ばれていました。

たとえば、飲み会で、狙った女の子が飲み物を頼んだら、「僕も！」と乗っかるところから始まり、**「おいしい！」という表現さえも、文字数や話し方のテンポまで、ピッタリ合わせるんです。**

しかも、彼はものまねも達者。飲み屋さんの自動ドアが開いたときにしゃべる「いらっしゃいませ」「ありがとうございました」の機械の声まで真似をしてしまうため、女性からは「おもしろい人枠」に入り込んでしまい、いつも持ち帰れずじまいになっています。が、あの技術はすごい！

最近ではＬＩＮＥでのやりとりが多くなったため、目に見えるミラーリングがやりやすくなっています。

たとえば、**相手が20文字で送ってきたら、こっちも20文字程度で返信する。**

相手が20文字なのに50文字くらいで返したら、違和感を持たれます。自分の言いたいことを50文字から20文字に減らす作業というのは、とても頭を使いますが、そのときは「コミュニケーション能力の修行だ！」という意識を持ちましょう。

また、**使っているスタンプも同じものにしたりすると有効！**

「そのスタンプ、かわいいから買っちゃった！」なんて言うと、相手はすごく喜んでくれます。その人の価値観やセンスにも乗っかってミラーリングしてあげるということですね。

しかも、スタンプは多少なりともお金がかかりますから、「私のためにお金を使ってくれた」という心意気も見せることができますね。

と、ミラーリングしまくっていたら……**僕のスタンプの数が350種類を超えてしまいました。**

なかには、その人の甥《おい》っ子のスタンプまであるので、この人以外にどうやって使おうか考え中です（笑）。

34

モテる男は、「察知能力」が高い！

LINEグループで会話を途切らせない。

モテる男は、何かと察知する能力が備わっています。**その場の空気感や、人の機嫌、引き際などをわかっているんです。**

それは、もともと備わっている能力でもありますが、プラスして場数で養うことも可能です。

空気を読むのが苦手な人でも、ケーススタディを積むことによってできるようになります。

たとえば、**空気とはその場にいるいちばん偉い人の「機嫌」だったりしますし、その人の機嫌は表情でわかります。**

笑っていてもすぐに素に戻ってしまうなどの現象があると黄色信号。そのときは2回攻めて、対応が変わらなければ引く、などしましょう。

車の運転でも、「ヒヤリハット」という言葉があるように、**ヒヤリ、ハッとしそうなケースを考えて行動するのが、のちのちの自分を救うことになります。**

自分は察知能力がある、空気が読めていると思っている人でも、じつは思い込みだったりすることがあります。ここでは、僕が察知能力のない人のあるあるを並べましたので、チェックしてみてください。

□①話し相手が知らぬ間に不機嫌になっていることがある

□②いいな、と思っている相手となかなか会うことができない

□③LINEの既読がつくのが遅くなり、返信も遅い

□④LINEの返信がスタンプのみで返ってくる

□⑤知らぬ間にブロックされていた

□⑥おつきあいがなかなか続かない

□⑦楽しく食事しているのに、エッチに持ち込めない

□⑧自分だけ話に溶け込めない

□⑨話し相手がよくスマホをいじっている

□⑩LINEグループで自分の話でやりとりが終わることが多い

このなかで、三つ以上チェックが入るようでしたら、自分の察知能力に疑いを持ってください。

PART 5

1万人抱いてわかった！

モテる男の「感じさせる」SEX術

35

モテる男は、「やっぱり」キスがうまかった！

キスの気持ちよさは、ヨダレの量に比例する。

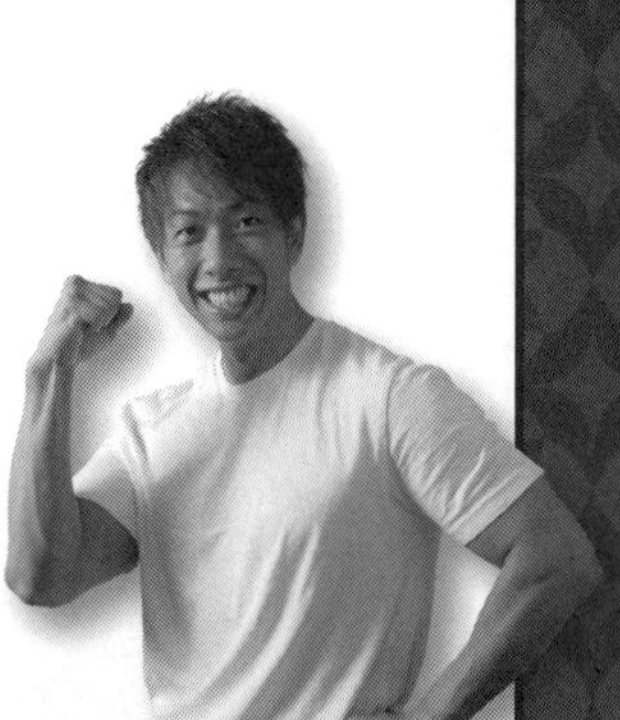

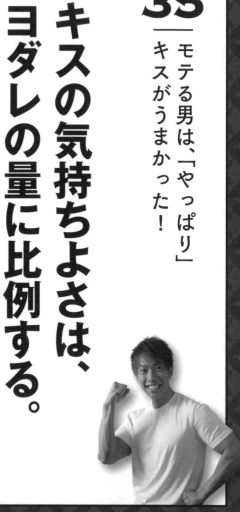

「上手なキスって、どんなキス？」と疑問に思う人もいるでしょう！

上手なキスとは、「物理的に上手」＋「雰囲気が上手」が合わさって「上手なキス」になります。

物理的に上手というのは、**「唇がみずみずしく、ポテッとしていて柔らかい」**ことが大事になってきます。

唇が薄いと、どうしても柔らかさと接地面が減るので、ポテッとしている人と比べると、気持ちよさも薄れます。

ガサガサに荒れている唇より、プルンとしたみずみずしい唇のほうが、プニュッとフィットしてきます。なので、**普段から唇をみずみずしく保つために、白色ワセリンを塗っておきましょう**（ここであえてリップクリームと言わないのは、リップクリームを塗りすぎると、自分で潤いを保とうとする能力が薄れるからです）。

唇を柔らかくするのに普段からできる体操が、歌手が歌う前に必ずやる、口をほぐす体操**「リップロール」**です。

わからない方は、検索してやってみてください。

そして、口が渇いていたら口臭もしますし、ヨダレの量も少なくなります。

「キスの気持ちよさはヨダレの量に比例する」と言っても過言ではないくらいヨダレは重要です。

寝起きの渇いた口でするキスと、飲み会のトイレなどでするヨダレまみれのキスでは、後者のほうが圧倒的に気持ちいいです。

ヨダレの量を増やすために、日ごろから水分を取るようにしてください。

注意したいのは、お茶やコーヒーは利尿作用があるので、逆に水分が排出されてしまいます。なので、水やアイソトニックウォーターなどを飲むようにしましょう。また、ガムを噛《か》んで口を動かすことで、ヨダレも出ます。

ガムを日常的に噛むことができない人は、よく口を動かすようにしましょう。口のなかで舌を円を描くように、歯と唇のあいだを這《は》うようにして回してください。

そうすると、ヨダレも出ますし、口もほぐれてきます。

また、**口臭予防で、歯磨きの際には舌も磨きましょう。**舌磨き専用のブラシを売っていますので、歯ブラシとともに持ち歩いてください。

さらに、17項でも書きましたが、**ヒゲや歯の着色なども、とても重要です。**やはり、不潔な人に雰囲気づくりは難しいです。

最後に唇と舌の動かし方は、速く動かしてはダメ。そうではなく、**「ねっとり味わうように、ゆっくり動かす」のがコツです。**

36

モテる男は、前戯で「この人は違う」と思わせる！

アエギ声のうちは、まだ上があると考える。

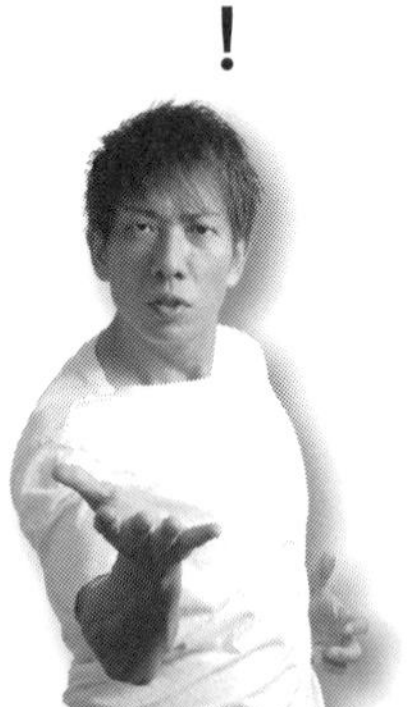

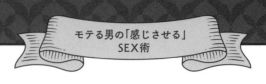

本当にモテる男は、セックスも上手です。

「本当に」とつけたのは、**モテる男と「セックスできる相手を見分ける能力（＝ヤリチン）」は別だからです。**

たとえば、合コンやナンパからセックスに持ち込むのが上手な人がいたとします。しかし、これはモテているのではなく、セックスできる相手を見分ける能力が高いだけです。

本当にモテる男は、そこから2回、3回と逢瀬《おうせ》を重ね、よりよい人間関係とセックスを積み重ねることができる人です。

そして、1回目のセックスより2回目のセックス、2回目のセックスより3回目のセックスのほうが、よりよいものになっていくのが、モテる男の傾向です。それに対し、ヤリチンは、1回目のセックスがいちばん興奮するので、2回目の逢瀬につながりませんし、相手もそれがわかっているので、2回目がありません。

そして、モテる男が2回、3回と逢瀬を重ねることができるのは、**体の相性を合わせるのが上手だからです。**

体の相性というと、「もともと持っているかたちとか大きさ」と思われがちですが、そうではありません。

体の相性とは、過去のよかったときのセックスの型を押しつけず、臨機応変に、相手のリアクションを見て型を変えていくことです。

前にこの方法でイッたからとか、過去の女性がこのやり方で喜んだからといって、今回のパートナーが満足するとは言えません。人それぞれ感じ方、同一人物でもその日の体調や気分によって感じ方が違いますから、相手のリアクションを酌み取って、「型を持って型にとらわれない、臨機応変なセックス」をすることが大事です。

とはいっても、自分の型を持っていなければ、経験を積んでも、なかなか実力を伸ばすことができません。

僕は、「しみクンニ」や「ロールス・ロイス」など、各体位で必殺テクニックを持っています――テクニックにつきましては、『しみけん式「超」ＳＥＸメソッド』（笠倉《かさくら》出版社）をご参照ください――しかし、人によって強さや角度を調整すれども、動作は変わりません。

なので、「自分なりの型」を見つけて、そこから臨機応変なセックスをしていくと、相手も「この人は私を見てくれている！」「人とは違う！」と感じてくれます。

そんなときの女性のアエギ声は、「なるほど～」「何これ～」「ヤバッ」と感想系のアエギ声が来たあとに、「おうー」「うっうっ」と獣系に変化することが多いです。

「アンアンアン」と、かわいく、人間っぽいアエギ声のときは、「まだまだ上がある」と心したほうがいいでしょう。

37

モテる男は、セックスに「超」ホスピタリティがある！

「気持ちいい？」ではなく、「大丈夫？」と訊《き》く。

モテる男は、ちゃんと「セックス」をします。残念な男は、なんとなくの「セックス風」をします。

セックスと「セックス風」の違いは、「お互いの気持ちの交換」ができているかどうかです。「セックス風」は、相手がイッたかどうか、気持ちいいかどうかを気にしがちですが、本当のセックスは、「幸せ」「一緒にいたい」「くっつきたい」という感情が先に来て、快楽が後から来ます。

なので、**動かさなくても、挿入して「ギューッ」とするだけで、幸せの絶頂にいたります。**

それにいたるまでも、モテる男に共通点があります。

まずは、**前戯がしっかりしています。**前戯は、相手に気持ちよくなってもらいたい、喜ぶ顔が見たいという奉仕の精神が必要です。

なので、**モテる男に「クンニ好きが多い」のも事実です。**

どんなにいい人ぶっていても、前戯が短い人、クンニをしない人を、僕は信用しません。

女性に「1回でやり捨てられる男の特徴は？」と質問をしたときに多かった答えが、「前戯が短い人」でした。「好きな人とならら前戯が短くてもいいけど、あなたは私の体で射精したいだけなんじゃない？　私を楽しませたり、幸せにしたりする気がないんじゃない？」と感じると、次がなくなるのです。

また、**行為中に「気持ちいい？」という言葉は使いません。**「大丈夫？」や「強くない？」と聞けば、相手が「痛いな、強いな」という否定的な意見を言いやすくなります。

「気持ちいい？」と聞いてしまうと、少し痛かったり強かったりしても、相手の善意がある分、「気持ちいい」と言わなければいけないような空気になってしまいますよね。

言われる前にコンドームをするというのも、相手の不安を先に解消してあげる、デキる男の行動です。

そして、最後に**「挿入してから10秒動かさない」**。

僕が何度も言っていることなのですが、ペニスが体のなかに入ってきたときに、女性器が対応する間をつくってください。そのあいだに、男は相手がいちばん感じるところを「グッグッ」と探します。そして、**「動かさなくても、ひとつになれた幸せ」をあふれさせる。**

これらを、モテる男はやっています。

なので、やみくもに腰を動かしている人とは雲泥の差が生まれるわけです。

38

モテる男は、普通のセックスで
「普通じゃない」満足を与える！

Gスポット経由、
ポルチオ行きが極意。

モテる男のセックスは、奇をてらわず、基本のキを踏まえた「普通のセックス」で、相手に「普通じゃない満足」を与えます。

逆に、残念な人は、「変わったセックス自慢」や「変態自慢」をします。とくに多いのが「回数自慢」と「巨根自慢」をする人。これらを謳《うた》う人にセックスの上手な人はいません。

「相手がどう感じたか」が大事なので、自分から言うものではありませんよね。

また、**AVみたいに激しい手マンや潮吹き、激しいピストンなどをしなくても、最大限の快楽を与えることができるのがモテる男です**（気持ちのいい激しい手マンや潮吹き、ピストンは存在しますが、相当の手練《てだ》れでないとできないと思ってください）。

漫画や映画でも、「力でねじ伏せよう」とする人は、「自然体でスマートな主人公」にやられますよね。

セックスも同じで、**本当に気持ちのいいセックスとは、動きが最小限で、相手の体重や重力を使うので力はいらず、奇をてらった体位ではなく、基本的な体位である正常位、騎乗位、バック、側位、座位と、それらの変化系を淡々と行います。**

そのなかでパートナーから「もっと〇〇して」と要望があったら、その体位をすればいいのです。

そして、**頭ではなく亀〝頭〟の記憶力が問われてきます。**

今回のセックスでリアクションがよかったもの、よくなかったことなどを記憶して、結果はいったん忘れてください。

良かったセックスも、悪かったセックスも、結果をいったん忘れることで、次に、「前はこれでイッたのに、今日はイカないぞ?」などととらわれず、その日のベストが尽くせます。

女性は、その日の体調や生理周期で感じ方が違います。前項の「挿入してから10秒動かさない」タイミングで、その都度、**「その日にいちばん感じるポイント」を探して、その日に合ったセックスの組み立てをすべきです。**

いちばん感じるポイントを探し当てたら、そのポイントを押すように、「Gスポット経由、ポルチオ行き」のピストンをしましょう！

あまり出し入れのストロークが長いと、いちばん感じるポイントを見失ってしまうので、**セックスの上手な人は「動きが小さい」というのが特徴です。**

いちばん感じるポイントを見つけることができたら、そこをグッと押すだけでいいので、動かさなくても、体位によってはイカせることができます。

39

モテる男は、
後戯も「手厚い」！

後戯を制して、女心を制する。

モテる男は、「何度も会いたい」と思わせてくれます。それは、一緒にいて楽しいというのはもちろん、自分より相手のことを考え、やさしく大事にしてくれる、そのホスピタリティの気持ちが「また会いたい」と思わせるのです。そして、それが恋愛に発展します。

残念な人は、「もういいや」と思わせてしまう行動を取ってしまいます。

それが顕著に表れるのが、セックス後の行動、いわゆる「後戯」です。

僕は**「セックスと食事は同じ」**と、つねづね言っていますが、自分がリピートしたくなるレストランを思い出してください。

食事後、声もかけられず、皿も片づけてもらえず、お会計がすんで、「ありがとうございました」も言われず、ぞんざいに扱われたら。せっかくおいしいご飯だったのに後味がよくないなぁと感じ、2回目の来店が遠のくでしょう。

「自分がリピートしたくなるレストランは、どんなお店か？」を想像し、自分に当てはめてください。

食べ終わったあと、お皿を片づけてもらえて、「食後のデザートやコーヒー、紅茶はいかがでしょうか」という気づかいがあり、お会計がすんで、「ありがとうございました」と心から言われ、また来たいなという気持ちにさせてくれるレストランでしょう。

これをセックスにたとえると、発射したあとにティッシュは自分より先に相手に渡す、タオルをかけてあげる、お水を渡す、すぐにその場を離れるのではなく近くでセックスをしたという空気を共有する、帰りの足を心配してあげるなど、**「セックス後に心を気持ちよくする行為」が後戯です。**

キスを制する者はセックスを制し、後戯を制する者は女心を制します。

モテる男は、帰宅後の女性に「この人といて楽しかった」「セックスで

きてよかった」「また会いたいな」と思わせるまでをセックスと考えています。

遠足は家に帰るまでが遠足。旅行は帰ってきて写真を見返して楽しかったなと思うまでが旅行です。

それと同じで、バイバイしたあとも、感謝の気持ちと楽しかったという自分の気持ちを相手に伝え、おやすみなさいの挨拶で締めくくる。

これが、モテる男の後戯です。

特別収録

所長しみけんオンラインサロン「男女の仲 研究所」より

女性会員が、人生でいちばん この人 モテるな！ この人 NGだな！ と思った瞬間

僕が発足させたオンラインサロン「男女の仲 研究所」。このサロンの目的は、男女ともに、どうすればより人の気持ちに寄り添えるのかを意見交換することです。今回は、いままでに出会った「モテる男」について、女性サロンメンバーたちが行った議論の様子を特別収録しました！

しみけん　本日の研究テーマは、みなさんがいままで感じたいちばんのモテテクと、逆にナシだと思ったことです。ざっくばらんにどうぞ！

ふわりん（40代既婚　以下特記以外は女性）　じゃあ、私から。この人モテるな、と感じたことは、残業後に「お疲れ」と言って飲みものを渡されたとき、食事会のあとに「気をつけて」とLINEが来たとき、ラブホじゃなくてシティホテルだったときですね。

しみけん　やっぱりスムーズにシティホテルを使いこなす男性を、女性は「この人、違うな」って

感じるよね。あとは、やっぱり気づかいだ。

ふわりん 駅の構内で売ってるケーキを、「これ、好きだったよね」って買ってきてくれるとかもうれしいですね。普段から自分のことを思い出してくれると、キュンとしちゃいます。

Y（20代独身） ささいなことを覚えてくれてるのが、いちばんうれしいですよね。

みかん（40代既婚） ある男性は、飲み会でチラッと言った私の旧姓を覚えてくれてました。「誰の名前でも覚えてるわけじゃないよ」って（笑）。

みくぽっち（20代独身） 私はお会計がもたつく人はダメかな。女子力が家事とかなら、会計するスマートさは男子力かなって思います。モテる人は、会計がスムーズ。

しみけん 記憶力鍛えなきゃ！　いまだに記憶力を上げるサプリの名前、長くて覚えられないのは効力を疑う（笑）！　カードとスマホとアプリは使いこなそう！　ほかに男子力が垣間《かいま》見える瞬間ってあります？

みくぽっち 袖をまくったときに血管が見えるとか、髪の毛をかき上げるとか。赤西仁《あかにしじん》さんがYouTubeで髪をかき上げてたのはキュンとしました。

しみけん それ、赤西さんだからじゃなくて⁉（笑）

みくぽっち 何回もやられると、「ワックスつけろよ」って思いますけど、一瞬のかき上げはキュンとする。そこで色気を感じます。バンドマンで前髪が長い人が多いのも、そこから垣間見える顔がエロいからかなって思います。

しみけん パンチラだ。顔のチラリズム。なるほどね。ほかの人はどうですか。

タケカワ（30代既婚） 私は普通なんですけど、会ったときに笑顔で迎えてくれる人。

しみけん 待ち合わせ場所に、笑顔で、子犬のように、キラキラと来てほしいよね。逆に、仕事の電話とかしてて、「ちょっと待って」って言われたときは、どよーんよ（笑）。

タケカワ　**電話してても、「あー！」って、笑って手を振ってくれればうれしい。**女性はデート前に、ネイルとか、パックとか、ボディローションとか、洋服とか、男性にはない準備をして来るので、笑顔で迎えられただけで、それが報われた気持ちになるんです。

しみけん　**「会いたかった！」って笑顔で会って、**自分に割いてくれた時間に感謝できる男がモテるんだね。

タケカワ　あと、これはある程度、距離が縮まってからですけど、**「ダメなところも含めて好き」って言われると、キュンとします。**生理前にネガティブになったり、仕事がうまくいかなくなったりしたときに、男性は「どう解決するか」を言いがちですけど、「それも含めて好き」ってひと言ですごく救われます。この人にはダメな自分も出していいんだってなる。

しみけん　人は誰でも完璧じゃない。**「そこも含めて好き」って言える人は素敵だね！**　よし、僕も連発しよう（笑）！

タケカワ　職場の既婚者の話を聞くと、男性は家族や奥さんには「伝えなくてもわかる」っていう思いが強い。**「ありがとう」「ごめんなさい」の当たり前の言葉を口にできて、家族を大事にしてほしいですね。**

しみけん　「家族を大事にしている人とは、将来が想像できる」（09項参照）につながるね。逆に、男が弱さを見せてくるというのはどうですか？

みかん　仕事ができて、家庭でもよきパパの同僚男性が、**「気を抜けるとこがないんです」って、もたれかかってきた**ことがありました。その気はなくとも、うれしくなっちゃいますね。

茉莉花（30代既婚）　弱みはいいけど、愚痴られるのはイヤだな〜。

タケカワ　人のせいにするのが愚痴で、「自分がもっと頑張りたいけど、できてない」みたいに吐露されるのが弱みだと思います！

しみけん　**プロだなって人は、絶対に他人のせいにしない！**　そして、時には弱みを見せるのは大事ですね。

能條（30代男性、アシスタント）　僕は荷づくりが苦手で、旅行にパンツが何枚必要なのかわからなくなるので、彼女に手伝ってもらってます。

一同　かわいい！

しみけん　好感度爆上げ（笑）！　これは、かわいげがある弱みを最大の武器にしているなあ。みなさん、逆にNG行為はありますか？

Y　好きでもないのに、変にボディタッチされるのはダメですね。

しみけん　そこは、どうやって見分ければいいんだろう。

Yukari S（30代既婚）　膝と膝がくっついて離れなければOKかなあ。

茉莉花　**アリな人には目で訴えますね。**ナシな人には、そこまでバチバチ目を合わせない。

しみけん　目は口ほどにものを言う……。

みかん　**近づくのと目を合わせるのがセットだったら完全にアリ。**スマホを見てて、近づいて目を合わせるとか。距離があっての目を合わせるは、たまたまかもしれないけど、そこまでいけば、完全にアリだと思います。

茉莉花　**モテる人は、相手が自分のこと見てるな、とか察知する能力が高いと思うんですよ。**そこから、グッと距離を詰めるのがうまい人がモテる。カンがいいです。

みかん　**察知能力を高めるには、観察力を磨くしかないと思います。**オフ会で、メンバーが大勢いるなか、私がストールを羽織った瞬間に、しみけんさんは「寒い？」って聞いてくれた。そういうところだと思います。

タケカワ　仮に、私がしみけんさんを好きだとしたら、そうやって、みんなにやさしくされると、あきらめちゃうな～。だから、不特定多数にモテるのと、狙ってる子からモテるのは、振る舞いが違うのかも。

しみけん　タケカワさんの「仮に」って寂しいなあ（笑）。でも、なるほどの意見！　ただ、みんないる前で、ひとりだけ特別扱いって、なかなかできないかも。だったら、全員にやさしくしたうえで、ひとりにちょっとだけ特別扱いならできるかな。

みくぼっち　気づかいといえば、**デート中も自分からトイレ行きたいって女性は言いづらい。そこも察してほしいですよね。**トイレしたい、お腹すいた、眠い、そういう欲求の延長線上にエッチしたいがあるので、そこを気づかえなきゃ、エッチもない。

しみけん　なるほど！　ということは、僕はスカトロが好きだから、頻繁に「おしっこ大丈夫？」って聞くのは正解だったんだ！　車に、おしっこ飲めるように、じょうごも積んでありますから（笑）。

（一同苦笑い）……おっと、はい、次！

みかん　**NGは、人の話を聞かない人。**複数人で話してて、突然カットインして、全然関係ない話をする人は無理です。そういう人にかぎって話もおもしろくないし。

しみけん　モテる男は〝相手の好きな話〟で楽しませるのに対し、モテない男は〝自分の好きな話〟で楽しませようとする。違うんだよねえ。

タケカワ　私がないなって思ったのは、ごちそうばっかりしてもらっていた男性に、「今回は私も払います」って言ったら、「オレの年収超えてからもらうから」って言われたとき。圧倒的に年収が高い人なんで、冗談のつもりなんでしょうけど、言わなくていいなって。

しみけん　余計なひと言だなあ（笑）。男って、そういう自慢の入った冗談を言いがちだよね。もっと聞きたいけど、そろそろお時間なので、この続きは次回にしましょう！　みなさん、ありがとうございました！

Special Thanks

ふわりんさん

Yさん

みかんさん

みくぼっちさん

タケカワさん

茉莉花さん

Yukari Sさん

オンラインサロンのメンバーのみなさん

［サロンへの入会はこちら］
https://community.camp-fire.jp/projects/view/222484

［お問い合わせ］
danjolabo@gmail.com

おわりに
「モテたい」が根底にあったから、いまがある

「モテる男39の法則」、いかがだったでしょうか？

先日、知り合ったばかりのモテない男と一度、焼き肉に行きました。その3カ月後に、彼から「あれから彼女ができたり、女の子と遊ぶ機会も増えて、この前は海で7Pしました！　ありがとうございました！」と連絡が来たときは、本当にひっくり返りました。

「モテ」は1回コツみたいなのを知ると、自転車と同じように、ずっとその流れに乗ることができるんだな、と感じたエピソードです。


その1回目のきっかけをつくろうとして書いたのがこの本。

「おぉ、なるほど」ということもあれば、「ホントかよ？」と感じるところもあったと思

います。もちろん、この法則に乗っかっていないのにモテる人もいれば、法則に乗っかっているのにモテない人もいます。
だから、全員にチャンスがある。そのなかでも、〝好かれやすい傾向〟があるので、それをまとめたのですが……こんなにも「あの好かれやすい感覚」を言語化するのが難しいのか、と四苦八苦しました。あまりにも言語化が難しくてカットしてしまった項目もあるほどです。たとえるならば、「イク感覚を言語化してください」と言われた感じです。

そんななか、僕を助けてくれたのが、オンラインサロン「男女の仲 研究所」のメンバーさんたちでした。オンラインでは人間関係や悩みごとをみんなで話し合い、解決の糸口を見つけます。いろいろな年代、性別、職業の方たちが集まっているので、考えもしなかった意見が集まるんです。普段はFacebookで疑問に思ったことを投稿したり、たまにオフラインで集まったりして、楽しく運営しています。
本当にありがとう！

いまのＡＶ男優しみけんという立場があるのも、すべて「モテたい」が根底にあったから。ただ、「モテたい」「好かれたい」欲求は、プラスのパワーにも、気にしすぎるあまりマイナスのパワーにもなります。その手綱をしっかり握っていないと、糸の切れた凧《たこ》の如《ごと》く、自分を見失ってしまいます。

この本を読んで、いい出会いが生まれることを切に願います。が、いい出会いが増えて、その運命の糸が自分の首に絡まって絞まることがないようにも願っております。

2020年9月　しみけん

1万人《まんにん》抱《だ》いてわかった!
モテる男《おとこ》39の法則《ほうそく》
「非《ひ》モテ」から脱出《だっしゅつ》したいあなたへ

2020年11月6日　第1刷発行
2023年10月6日　第3刷発行

著　者　しみけん

ブックデザイン　金井久幸＋横山みさと（TwoThree）
イラスト　峰なゆか
本文DTP　友坂依彦
撮　影　武馬怜子
編　集　沼澤典史

発行人　岡﨑雅史
発行所　株式会社 清談社Publico
〒102-0073
東京都千代田区九段北1-2-2　グランドメゾン九段803
Tel. 03-6265-6185　Fax. 03-6265-6186

印刷所　中央精版印刷株式会社

ISBN 978-4-909979-10-0 C0030

清談社
Publico

http://seidansha.com/publico
X @seidansha_p
Facebook http://www.facebook.com/seidansha.publico